Wolfgang Suchner · Hans Werner Otto

WOLFGANG FÄLLT UM

DAS LOCH IN DER ZEIT

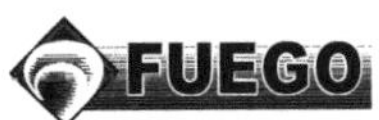

Bibliografische Information der Deutschen Nationalbibliothek:
Die Deutsche Nationalbibliothek verzeichnet diese Publikation in der Deutschen Nationalbibliografie; detaillierte bibliografische Daten sind im Internet über dnb.dnb.de abrufbar.

Coverpainting, Illustrationen & Umschlagdesign: Birgit Pardun
Autorenfotos: © André Scollick
Design & Satz: FUEGO/Friedel Muders
Druck: Libri Plureos GmbH, Friedensallee 273,
22763 Hamburg

4. Auflage: Bremen 2025
Auch als Ebook erhältlich

℗ 2024 FUEGO
www.fuego.de

ISBN: 978-3-86287-954-0

Wolfgang Suchner · Hans Werner Otto

WOLFGANG FÄLLT UM

DAS LOCH IN DER ZEIT

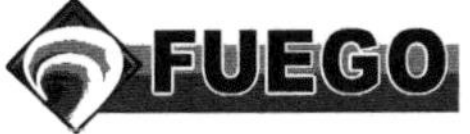

PROLOG

DAS GRÖSSTE GESUNDHEITSRISIKO IST DAS LEBEN

Selbst wäre ich gar nicht darauf gekommen. Aber nicht nur behandelnde Ärzte, auch einige Journalisten und Redakteure ermutigten mich nach Interviews, über Epilepsie und ketogene Ernährung sowie mein Leben als Künstler zu schreiben – ich hätte doch so viel zu erzählen, meinten sie.

In einer Ruhephase, erzwungen durch Auftrittsleere während der Coronastille, kam ich darauf zurück und fragte meinen Freund Hans Werner Otto, ob er sich vorstellen könne, das alles zu Papier zu bringen. Dann verabredeten wir uns über einen Zeitraum von ein bis zwei Jahren immer mal wieder zum Kaffee, ich erzählte und er notierte, fragte und hakte nach, schickte mir dann seine Ausformulierungen, und Stück für Stück kam als ganzes Buch zustande, was eigentlich eher als längerer Aufsatz gedacht war.

Für mich war dieser Rückblick auf mein Leben ein echtes Abenteuer. Ich musste nicht nur in meinen Erinnerungen kramen, sondern oft wie zu einer fremden Person recherchieren, wenn sich herausstellte, dass das, was ich zu erinnern glaubte, gar nicht mit nachprüfbaren Fakten übereinstimmte. Außer anderen zeitlichen Abfolgen offenbarten sich da auch Dinge, die verschüttgegangen waren und mit denen ich nie gerechnet hätte. Im Rückblick sehe ich nun, wie viel Ungewöhnliches ich erleben durfte, aber auch, was meine Freundinnen und Kolleginnen alles mitgetragen haben und wie sehr ich sie belastet habe – eine Einsicht, für die ich erst über 60 Jahre alt werden musste. Ihnen allen, die mich unterstützt haben, an meiner Seite waren - und blieben – und mir geholfen haben, mein Leben mit Epilepsie zu leben, danke ich hier. So viele sind es – und etliche sind leider schon verstorben –, dass ich niemanden namentlich nennen oder hervorheben möchte. Sie alle machten die wunderbare Fülle und Buntheit meines Lebens aus, das ich, auch mit all seinen Fehlern und Unzulänglichkeiten, an keiner Stelle und selbst dann nicht rückgängig machen würde, wenn ich es könnte.

Der Rückblick hat mir auch gezeigt, dass meine Entscheidung richtig war, trotz Epilepsie als Freiberufler weiterzumachen – mit allen Risiken, die ein solches Leben bietet. Das Leben selbst ist ein Risiko, auch ohne Epilepsie. Ich genieße es.

Und das noch hoffentlich eine lange Zeit.

Wolfgang Suchner

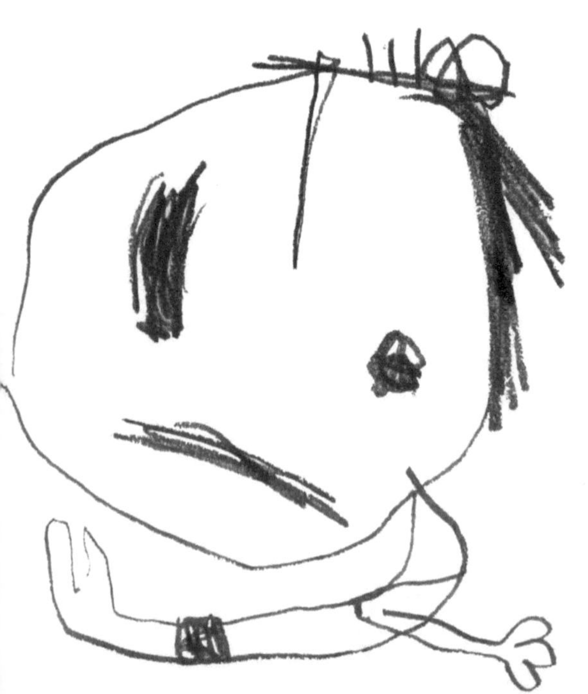

1 DAS LOCH

Wuppertal 1991:

Grand Mal.
Großes Malheur.
Große Scheiße.

Zuerst ist da ein weit klaffendes Loch. Er weiß nicht mehr, was war. Er weiß nicht mehr, wer er ist. Er weiß auch nicht, wo er ist, obwohl ihm der Raum, in dem er da mitten auf dem Boden liegt, ganz bekannt vorkommt. Blinkendes Blaulicht flackert von außen herein, lässt das Gesicht dieses Mannes, den er kennt, aufleuchten und wieder verblassen. Ganz nah vor ihm. Aber wie heißt er. Er kennt ihn, er kennt ihn gut, aber wie heißt er. Und er selbst, wie heißt er. Er kennt sich nicht mehr.

Er ist gar nicht da. Er ist nicht da, aber auch nicht hier, auf diesem Sisalteppich, auf dem er sich offenbar das Gesicht zerkratzt hat, es schmerzt. Mal ist er gar nicht da, nimmt sich nur von außen wahr, ohne jede Regung. Und mal fühlt er sein Gesicht, es ist heiß und schmerzt. Zwei Wahrnehmungen, die einander ablösen, wie das Blaulicht, das mal da ist und mal nicht mehr da ist, nur nicht so schnell. Der Mann, den er kennt, den er gut kennt, sagt etwas zu ihm, fragt etwas. Und eigentlich möchte er ihm antworten, aber es geht nicht. Er hat keine Worte. Er hört die Frage und die gesprochenen Worte, er denkt auch eine Antwort, aber die hat keine Worte. Er ist sprachlos.

Außer dem Gesicht des Mannes, den er kennt, ist da noch das Gesicht einer Frau, die er kennt, aber wie heißt sie. Und die Gesichter von zwei Männern, die er noch nie gesehen hat. Mal fühlt er ihre Hände auf seinem Körper, mal sieht er sich selbst wie von weit oben, seinen Körper auf einer Trage ausgestreckt, mal fühlt er das Schaukeln dieser Trage, mal schaut er sich selbst hinterher und den Männern, die ihn aus der Wohnung über den Flur zur Haustür getragen haben. Mal spürt er den Luftzug auf der Straße und sieht das blaue Blinklicht auf dem Rettungswagen, die Quelle also und nicht den Widerschein, mal ist ihm, als sei er noch in der Wohnung und habe nichts mit dem zu tun, was gerade geschieht.

Das ist das Loch. Er versteht nicht, was geschieht, und er weiß nicht, was geschehen ist. Es gibt keine Erinnerung. Da ist ein Loch in der Zeit. Wenn man hindurchgucken könnte, sähe man die andere Seite. Die Rückseite der Zeit. Vielleicht hat er sie ja gerade gesehen, aber er kann sich nicht erinnern.

Da kommt etwas zurück. Das, was vor dem Loch war.

Eine Schlinge drückt um seinen Hals und eine Trompete hängt vor seinem Mund. Der Mann, den er gut kennt, ist bei ihm, und jetzt hat der Mann auch einen Namen, er heißt Winni. Und die Frau, das ist Marie. Er selbst heißt Wolfgang. Oder?

Doch, das ist sein Name. Es gibt viele Wolfgangs. Es dauert eine Weile, bis er diesen Namen als einen annimmt, der nicht mehr außerhalb seiner selbst herumschwirrt und irgendwelchen anderen Menschen anhängen mag, sondern der ganz zu ihm gehört. Er, Wolfgang.

Da ist dieser große, weiß gestrichene Raum in der ehemaligen Bandwirkerei, in der sie gerade geprobt haben - Marie, Winni und er, Wolfgang. Das neue Stück soll irgendwas mit Grenzen zu tun haben, irgendetwas, so ganz genau wissen sie es noch nicht. Vor eineinhalb Jahren ist die Berliner Mauer umgefallen. Pina Bausch zeigt hier in Wuppertal am Anfang ihres Stückes dem Publikum eine große Mauer aus Bimsstein, die zusammenbricht und aus ihren Bruchstücken die Kulisse bildet, in der die Tänzerinnen sich dann ihre Plätze und Bewegungsräume suchen müssen. Das Stück heißt Palermo, nicht Berlin, und die Mauer stand als Bühnenbild schon fest, bevor sie in Berlin wackelte, aber alle im Publikum denken an Berlin. Eine Grenze wurde geöffnet. Andere werden geschlossen. Das europäische Dublin-Abkommen hält Flüchtlinge im Ankunftsland fest, macht bewusst, dass die in Schengen gefallenen Grenzen gar nicht so wie die Mauer umgefallen, sondern nach außen gerückt sind, Grenzen sind etwas durchaus Reales und durch und durch Absurdes, man reibt sich daran, man stößt sich daran, man stürmt dagegen an: Grenzen sind ein Thema.

Sie probieren etwas aus. Marie mit ihrer tiefen, raumfüllenden Stimme, Winni mit der Klarinette und Wolfgang mit der Trompete: Wie und an welcher Stelle werden Grenzen deutlich, so spürbar, dass auch mögliche Zuschauerinnen sie später erfahren können? Er, Wolfgang, stellt einen Tisch in die Bühnenmitte, verknotet ein Seilende an einem Tischbein und legt sich das andere Ende als Schlinge um den Hals. Dann nimmt er die Trompete, spielt ein paar Töne und geht langsam über die Bühne. Das Seil strafft sich und hindert ihn weiterzugehen, immer, wenn der Rand des Kreises erreicht ist, in dem er sich um den Tisch bewegen kann - die Trompete verstummt. Wolfgang geht zurück zum Tisch, beginnt wieder von vorne. Beim dritten Anlauf dann fühlt er sich in seinen Bewegungen so sicher, dass er sich stärker auf die Trompete konzentrieren kann. Aus den Tönen wird eine kleine Melodie, er wiederholt sie, variiert sie, lässt sie mal klein und bescheiden daherkommen, dann wieder gibt er ihr mehr Volumen. Mehr Luft, noch mehr, er presst die Lungen leer und die Melodie füllt sich, steigt in brillante Höhen. Und bricht plötzlich ab. Quäkt noch einmal leise. Er hat die Schlinge völlig vergessen, erschrickt, als sie ihm jetzt kurz den Hals zuschnürt. Keine Luft mehr.

Mittagspause bei Marie, sie wohnt ganz nah und hat schon eine Suppe vorbereitet. Während sie im Topf rührt und Winni die ersten Ideen notiert, geht Wolfgang auf und ab, Winni stellt eine Frage, wirft ein Problem auf, Wolfgang bleibt stehen, nennt eine mögliche Lösung, aber Winni verwirft sie, Wolfgang geht weiter. Marie beginnt die Suppenteller auf den Tisch zu verteilen, hat jetzt auch eine Idee, hält in ihrer Bewegung inne, der Teller in ihrer Hand schwebt noch über dem Tisch. Winni schüttelt den Kopf. Der Teller sinkt, Marie deckt weiter den Tisch. Und Wolfgang geht weiter auf und ab, hin und her, auf und ab. Wird plötzlich langsamer, blickt auf, bleibt stehen.

Jetzt hab ich's! sagt er.

Und fällt um, mitten hinein in dieses Loch.

Homosexuell? Wieso?

Das fragt Winni den Mann im Krankenhaus, den Mann im weißen Kittel, der in der Aufnahme Dienst hat.

Nun, das ist doch Ihr Freund, nicht wahr, sagt der Kittel freundlich.

Er ist mein Freund, aber wir sind nicht homosexuell.

Wie dem auch sei, wir hätten nur gerne auch Ihre Personalien. Wir müssen doch irgendjemanden verständigen können, falls da was ist.

Wolfgang, den die Sanitäter von der Trage auf eine Liege gebettet haben, will sich einmischen, möchte etwas dazu sagen, und er hebt den Kopf, öffnet den Mund. Aber er weiß nicht, ob er schon Worte finden wird, traut sich selbst noch nicht über den Weg.

Und ich habe auch nichts gegen Homosexuelle. Verstehen Sie das nicht falsch.

Gut. Sind wir aber nicht.

Sie könnten das also ruhig sagen, wenn Sie homosexuell sind.

Der Kittel beugt sich über die Papiere und füllt etwas aus.

Da braucht man sich heute nicht mehr zu schämen.

Wolfgang hebt wieder den Kopf, öffnet den Mund, aber es kommt nichts heraus. Doch Winni platzt der Kragen.

Verdammt, wir sind nicht schwul! Wir sind Freunde und arbeiten zusammen, aber wir ficken nicht! Haben Sie das jetzt endlich kapiert? Und mein Freund hier hatte gerade einen epileptischen Anfall, da gibt es was ganz anderes zu besprechen, oder?!

Der Kittel macht beschwichtigende Handbewegungen und bleibt freundlich. Sind Sie sicher? Woher wollen Sie wissen, dass es ein epileptischer Anfall war?

Doch, das weiß Winni, da ist er sicher. Er hat in seiner Zivildienstzeit etliche Grand Mals gesehen, die zuckenden Spasmen, den Schaum vor dem Mund, hat alles beiseitegeräumt, woran der Tobende sich hätte verletzen können. Auch bei Wolfgang. Nur der Teppich ist übrig geblieben, der Sisalteppich, der die Wangen aufgekratzt hat.

Die Nachricht dringt allmählich in Wolfgangs wiederkehrendes Bewusstsein ein. Ein epileptischer Anfall. Er weiß gar nicht, was das ist. Er hat ihn ja gar nicht erlebt, diesen Anfall. Aber es mag schon stimmen. Wenn Winni das sagt. Winni hat ihn erlebt. Und wohl auch

Marie. Aber nicht er, Wolfgang. Er hatte einen Anfall, aber hat ihn nicht erlebt. Er hat nur aufgekratzte Wangen.

Musik, hatte Herr Goldau gesagt, sein Trompetenlehrer an der Musikschule. Musik solle er studieren. Trompete. Auf der Musikhochschule.

Zu unsicher, hatten seine Eltern gesagt, brotlose Kunst. Er solle doch Lehrer werden, Landesbeamter, das sei was Sicheres.

Dann eben Musiklehrer, entschied Wolfgang. Dann wären alle zufrieden. Und er hoffentlich auch.

Aber mit dem Musiklehrer war es eigentlich schon am ersten Tag des Studiums vorbei. Da lernte er Uli und Rudi kennen, Geige und Akkordeon, die ihn mit in ihre Gruppe nahmen. *Fortschrott* hieß sie, man hatte bisher nur im Unigelände gespielt, wollte aber raus, auf die Straße, in die Fußgängerzonen, wo das richtige Publikum für Friedensbewegendes und linke Konsumkritik zusammenkam. Nein, Wolfgangs Instrument passe nicht so gut, befand man, schließlich müsse gesungen werden, die Texte seien wichtig und dürften nicht hinter Trompetenstößen verschwinden. Ob er nicht Bass spielen wolle? Irgendwo hatte jemand mal einen Bass gesehen, der aus einer Kiste, einem Besenstiel und einer Wäscheleine bestand, so wie ihn die Skifflebands früher benutzt hatten. Wolfgang baute ihn nach, probierte verschiedene Kistengrößen, ersetzte die Wäscheleine nach langer Suche durch Darmsaiten, solchen, wie man sie zum Bau von

Uhren benutzt, und gab der Kiste den straßenmusiktauglichen Klang. Sie erregten Aufsehen, wenn sie sich vor den Einkaufszentren aufbauten und loslegten, unverstärkt, aber laut genug, bekamen häufig Probleme mit der Polizei und wurden auch dadurch immer bekannter, spielten trotz Platzverweisen in der Vorweihnachtszeit zum Ärger vieler Kaufhausbetreiber, wurden einmal sogar festgenommen, erkennungsdienstlich behandelt, Verbrecherfotos von allen Seiten, und ein paar Stunden eingesperrt, laute Gegendemonstranten vor dem Polizeipräsidium. Bei ihrem nächsten Auftritt vor dem Elberfelder Marktplatz trat der prominente Free Jazzer Peter Kowald als Zeichen seiner Solidarität auf, und selbst Pina Bausch sah man im Straßenpublikum, das seine Helden feierte.

Das Studium war inzwischen völlig in den Hintergrund getreten. Wolfgang zog in seine erste Wohngemeinschaft, 1980, das Jahr, das mit der Gründung der Grünen begann und mit dem Tod John Lennons endete, künstlerische Kreise aus Musik, Aktivismus und Tanz überlappten sich, und in der Schnittmenge entstand ein Ort für Tanz und Musik, ein gemeinsam gemieteter Übungsraum, den sie Werkstatt nannten. So vieles wurde auf einmal möglich.

Schon vor Beginn des Studiums hatte Wolfgang sich für die Musik des *Willem Breuker Kollektiefs* begeistert, war nach Amsterdam zu dessen Auftritten gefahren, bei denen sich Jazz-Improvisationen mit sorgfältig strukturierten Kompositionen und musikalischem, auch szenischem Humor verbanden – jetzt lernte er Breuker persönlich kennen und schrieb über ihn seine Examensarbeit. Dagegen schien die frei improvisierte Musik der Wuppertaler, die Ende der Sechziger noch zusammen mit Breuker gespielt hatten, sich zu ernst zu nehmen: der Free Jazz in Gestalt von Peter Brötzmann, dessen ekstatische Saxofontöne ihm den violettroten Kopf schier platzen ließen. Peter Kowald mit dem rasierten Schädel, der keinen lustigen Kisten-, sondern seinen ernsten, großen Kontrabass spielte, über den er sich tief beugte, als verneige er sich vor dem Instrument. Der hatte ein Haus in Wuppertal, und als dort in einer Wohngemeinschaft etwas frei wurde, ist Wolfgang eingezogen, ernster Bass und Kistenbass wurden Freunde.

Vorher, als Wolfgang Marie und Winni getroffen hatte und dessen Klarinette, konnte aus dem Gedanken, Musik und Theatrales zu verbinden, etwas werden, das ihnen großen Spaß machte und das sie gerade deshalb Ernst nannten: *Ernst Musiktheater.* Schon die Reaktionen auf ihr erstes Stück zeigten, dass sie auf dem richtigen Weg waren.

„Alarm!“ hieß es. Die Geschichte um den Autoschrauber Max, den Finanzbeamten Ewald, beide bei der freiwilligen Feuerwehr, und die Briefträgerin Anna hatten sie komplett selbst geschrieben einschließlich sämtlicher Musiknummern. „Was heißt hier Feuer - wer löscht denn, wenn‘s brennt?“

Es ließ sich sogar davon leben. Eintrittserlöse und das Kleingeld, das bei den *Fortschrott*-Auftritten zusammenkam, hätten bei weitem nicht hingereicht, aber da sie mit den Musiktheaterprojekten in den richtigen Fördertöpfen rührten, kam zumindest so viel zusammen, dass Wolfgang monatlich die Miete für sein WG-Zimmer und seinen Beitrag zur Haushaltskasse zahlen konnte. Und als sie dann auch noch die Bühnenrechte erhielten für das Aids-Aufklärungsstück „Dreck am Stecken“, entwickelt vom *Berliner Theater Strahl,* konnte man schon fast von einem geregelten Einkommen sprechen: mehr als hundert Vorstellungen in der ganzen Bundesrepublik, öffentlich gefördert.

Es ließ sich gut an, dieses neue Leben, fern von jedem einst erstrebten Beamtendasein. Das Erste Staatsexamen reichte, zur Not konnte er es immer noch vorweisen, sollte er mal in Zeiten der Flaute als Trompetenlehrer in Musikschulen arbeiten und sich damit ein Einkommen sichern müssen. Nein, kein Referendariat in Schulen, kein Zweites Staatsexamen und dann als Musiklehrer durch Schulklassen wandern, immer wieder aufs Neue mit den angesagten Hits und Trends der Kids konkurrieren müssen und irgendwann nur noch auf die Pensionierung warten.

Es funktionierte. Ohne viel Bühnenerfahrung, ohne Schauspielübungen, aber mit der kreativen Energie ungebundener Endzwanziger, wohl auch mit einer kleinen Portion Sendungsbewusstsein, sprangen sie rein ins Theatrale und wurden vom Publikum darin bestätigt, immer weiterzumachen. Es lief gut an. Aber dann kam dieses Loch.

Nein, mehr lasse sich im Augenblick nicht machen, sagt man ihnen im Krankenhaus. Winni solle Wolfgang nach Haus bringen, sobald er wieder einigermaßen auf den Beinen sei. Und dann solle man darauf achten, ob so etwas noch einmal vorkomme, und in diesem Fall wieder reinschauen. Das wäre erst einmal alles.

Du gehst morgen direkt zu deinem Hausarzt, rät Winni. Nein, fast befiehlt er es. Hast du gehört? Morgen!

Sie gehen morgen direkt zur Computertomographie, sagt der Hausarzt am nächsten Tag. Carnap heißt er, Dr. Carnap. Haben Sie gehört? Morgen!

Da ist etwas zu sehen in Ihrem Kopf, sagt die CT-Ärztin am Tag darauf. Eine Art Schwamm. Der wird ausgeblutet und damit den epileptischen Anfall ausgelöst haben, und das war offenbar ein richtiger Grand Mal, den Sie da hatten. Sie gehen morgen direkt damit ins Krankenhaus. Haben Sie gehört? Morgen!

Ein Schwamm?

Wolfgang stellt sich den rosa Badeschwamm vor, der bei den Eltern seinen festen Platz neben den Armaturen der Badewanne hat und regelmäßig erneuert wird, wenn er anfängt, sich an den Rändern aufzulösen.

Ein Schwamm im Kopf, etwa so groß wie ein Taubenei.

Wie groß ist ein Taubenei?

Etwa so, hat die Ärztin gesagt und mit den geöffneten Fingern einer Hand etwas Nichtexistierendes umfasst, einen Hohlraum geschaffen, in den alles projiziert werden kann.

Hauptsächlich Blut, hat sie gesagt, er besteht aus Gewebe, natürlich, aber seine Größe erhält er durch das Blut, das er speichert. So wie der Badeschwamm Wasser speichert. Und wenn man ihn ausdrückt, wird er ganz klein, bevor er sich dann wieder mit Luft aufbläht.

Im Unterschied zum Badeschwamm, der viele kleine Löcher umschließt, besteht Ihr Schwamm aber aus vielen kleinen Äderchen. Da haben sich längs einer Arterie lauter Verzweigungen gebildet. Das Blut wird also nicht nur auf direktem Weg durchgeleitet, sondern muss jetzt gleichzeitig auch noch all die kleinen Nebenflüsschen in den feinen Äderchen füllen. Und wenn es mit richtigem Druck einschießt, kann solch ein Äderchen auch mal platzen und ausbluten. Gut, dass es nur eines war und es sich gleich wieder geschlossen hat. Sonst hätten Sie das wohl nicht überlebt. Was Sie da haben, heißt arterielle venöse Malformation, linkszerebral. Das ist der Schwamm.

Und wo kommt der her?

Den hat man Ihnen mit in die Wiege gelegt, Herr Suchner. Ohne Sie zu fragen. Da waren Sie noch ganz klein und er auch. Der war schon immer da, ist mit Ihnen gewachsen und immer größer geworden. Aber erst jetzt hat er sich bemerkbar gemacht.

Ja, so etwas lässt sich durchaus operieren, sagt der Arzt im Krankenhaus. Haben wir schon ein paarmal durchgeführt. Ist recht aufwändig, aber geht. Sollen wir einen Termin machen?

Wolfgang sagt weder ja noch nein, fragt nur leise etwas nach.

Wie bitte? Ja, natürlich müssen wir dazu den Kopf öffnen. Wie soll man sonst operieren?

Jetzt spürt Wolfgang zum ersten Mal etwas, das man fast schon Angst nennen könnte. Schnell weg hier. Nach Hause und nachdenken.

Da gibt es doch diese anthroposophische Klinik in Herdecke, die den Anspruch hat, ganzheitlich zu arbeiten, was auch immer das heißen mag. In seinem Fall sei ganzheitlich gleich herkömmlich, sagt man ihm. Aber das sei gar kein Problem. Schädeldecke abklappen, und dann müsse man sich da eben durcharbeiten. Im Grunde keine große Sache, nur recht langwierig. Der Schwamm liege ja so nah am Sprachzentrum, da komme man nicht ohne Umwege hin. Und mehrere Operationsteams brauche man auch, weil die ganze Geschichte so um die zwanzig Stunden dauere, da müssten sich die Leute ja schließlich abwechseln. Raus mit dem Schwamm, dann Klappe zu und Affe lebt. Sollen wir einen Termin vereinbaren?

In der Düsseldorfer Uniklinik wird anders operiert. Man sägt den Schädel nicht auf, um die Decke abzuklappen und von oben an den Schwamm zu gelangen, sondern schiebt eine Sonde in die Leiste, lässt sie durch den gesamten Körper wandern, ja, auch durch das Herz, und schiebt sie von unten hin zum Schwamm. Und der wird dann nicht weggeschnitten, sondern verklebt, sodass weniger Blut hineingerät und er dadurch kleiner wird, so wie der große Badeschwamm zusammengedrückt und ausgepresst nachher in eine Faust passt. Und wenn er klein genug ist, kann man ihn anschließend durch Bestrahlung entfernen, da gebe es ganz neue Geräte, allerdings bisher nur sehr wenige in Europa, in den USA sei man da schon weiter. Wenn man den Schwamm in der aktuellen Größe bestrahle, zerstöre man zu viel Umliegendes. Nein, die Operation dauere nicht so lange, allerdings müsse sie mehrmals durchgeführt werden, da man in einem Durchgang nicht alle Zuflüsse verkleben könne.

Ja, man habe sie schon mehrfach, über fünfzig Mal durchgeführt. Und in neunzig Prozent der Fälle sei sie erfolgreich gewesen.

Auf der Rückfahrt von Düsseldorf sitzt Wolfgang in der S-Bahn einer alten Dame gegenüber. Sie schläft mit weit geöffnetem Mund und man würde sie für tot halten, gäbe sie nicht ab und zu leise Schnarchgeräusche von sich. Wolfgang sieht aus dem Fenster auf Felder, wo der Mais zwei Meter hoch steht, will den Blick dort halten, wo jetzt Kleingartenanlagen vorbeiziehen, in der Spiegelung aber drängt sich immer wieder die alte Dame mit dem offenen Mund ins Bild. Neunzig Prozent. Zehn Prozent also tragen Schäden davon, welcher Art auch immer. Er fokussiert die draußen vorbeirauschende Kulisse, dann wieder die alte Dame.

Auf dem Weg vom Bahnhof durch die Innenstadt taucht er ein in die Massen von Menschen, die *Fort-*

schrott mit Straßenmusik zu missionieren versucht hat, so wie die Heilsarmee oder christlich Erweckte, die ihren Zuversichtsglauben verbreiten wollen, denkt er. Da standen wir ihnen noch gegenüber, denkt er weiter, und jetzt bin ich ein Teil von ihnen. Wir sind hundert Prozent. Und wer sind die zehn Prozent?

Die Kneipe, die Peters Haus und seinem WG-Zimmer darin gegenüberliegt, bietet einen Mittagstisch. Aber er möchte nur einen Espresso, hockt sich an den Tresen. Statt aus dem S-Bahn-Fenster fliehende Landschaften, kann er jetzt ein unbewegtes Getränkeregal anschauen, daneben sich selbst im Spiegel betrachten. So also sieht einer aus, der einen Schwamm im Kopf hat. Die Kratzer auf der Wange sind kaum noch zu erkennen. Die oberste Reihe Getränke neben dem Spiegel beginnt mit dem Whisky, den Peter hier manchmal bestellt. Achtunddreißig Prozent Alkohol.

Wie viel sind zehn Prozent? Wolfgang dreht sich um und zählt die Gäste, bemüht, den Zeigefinger nicht deutlich mitwandern zu lassen. Am Tresen ist er der Einzige, aber etliche Tische sind auch an diesem Morgen schon besetzt. Man isst zu Mittag, unterhält sich, ab und zu lacht jemand laut. Achtunddreißig Personen, so viele wie der Whisky Prozente hat. Er schätzt die meisten auf Ende zwanzig, Anfang dreißig. Sie sehen gesund aus, keinem ist anzusehen, dass er oder sie eine Krankheit in sich trägt. In sich. Im Kopf. Kranke Gedanken, vielleicht, aber auch die sieht man nicht.

Zehn Prozent, das wären dann drei Komma acht Menschen. Nicht ganz vier. Es gibt nur einen Tisch, der mit vier Personen besetzt ist, drei Männer, eine Frau. Einen kennt Wolfgang flüchtig, man hat sich auch schon zugenickt. Der ist offenbar vor kurzem Vater geworden, man sieht ihn ab und zu einen Kinderwagen schieben. Sein Nebenmann trägt Brille und Schnurrbart und fährt sich ständig mit der Hand durchs Gesicht. Die Frau am Tisch, die immer wieder laut auflacht, hat die nackten Beine übereinandergeschlagen und lässt ihre Sandale mit der Fußspitze wippen. Der Letzte in der Runde, der eng anliegende Funktionskleidung trägt und vor dessen Stuhl ein großer Rucksack liegt, scheint einer von diesen Fahrradkurieren zu sein, die man in letzter Zeit immer mal wieder irgendwo sieht. Das wären dann also die zehn Prozent. Schäden, welcher Art auch immer. Der junge Vater wäre vielleicht gestorben, seinen Nebenmann stellt sich Wolfgang mit glasigen Augen und offenem Mund vor, unfähig zu kommunizieren. Die Frau halbseitig gelähmt, schiefer Mund, und statt des Schirms lehnte eine Gehhilfe am Tisch. Der Fahrradkurier säße im Rollstuhl.

Wolfgang dreht sich schnell wieder um. Im Spiegel sieht er dann den, der einen Schwamm im Kopf hat. Und dahinter taucht plötzlich der Glatzkopf Peter Kowald auf. Er hockt sich zu ihm an den Tresen und bestellt einen Kaffee.

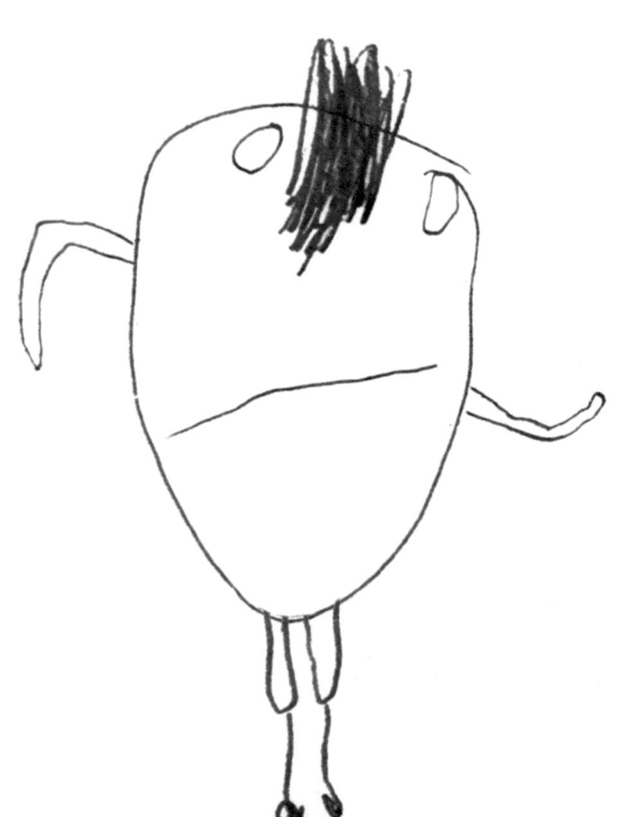

2 KOPF UND SCHWAMM

Sie haben Montabaur passiert, Limburg an der Lahn, fahren jetzt weiter die A3 lang auf Frankfurt zu. Peter sitzt am Steuer. Die Rücksitze des Kombi sind umgeklappt, der Kontrabass liegt diagonal auf der Ladefläche, daneben rechts eine Tasche von Peter und links eine von Wolfgang. Etwa vier Stunden brauchen sie bis Würzburg. In der Uniklinik dort wird operiert wie in Düsseldorf, also nicht Methode Dosenöffner - den Schädel ringsum einsägen und aufklappen - sondern minimalinvasiv, von unten durch die Leiste. Von hinten durch die Brust ins Auge, lachen sie. Nur haben die in Würzburg schon länger Erfahrung damit als Düsseldorf. Ruf da mal an, hat Peter gesagt, und mach einen Termin. Ich habe am Samstag einen Auftritt in Würzburg, da kommst du mit.

Das war vor drei Tagen, und jetzt ist Samstag.

In einem waren alle Ärzte, mit denen Wolfgang bisher gesprochen hat, sich offenbar einig: Mit der Trompete muss Schluss sein. Damit erzeugt man noch stärker als bei den meisten anderen Blasinstrumenten einen Druck im Kopf, der den Rückfluss des venösen Blutes behindern kann, während das arterielle weiter vom Herzen in den Schädel gepumpt wird. Und die Kleinstgefäße, die zusammen den Schwamm bilden, können platzen.

Die Halsschlinge, mit der Wolfgang sich bei der Probe fast strangulierte, hat diesen Druck natürlich noch verstärkt. Aber das Risiko besteht auch ohne Halsschlinge.

Nie mehr Trompete spielen.

Was bleibt eigentlich von mir, wenn die Trompete wegfällt? Ich kann doch sonst nichts.

Wenn ich nie mehr Kontrabass spielen dürfte, würde ich mir wieder meine alte Tuba zur Brust nehmen, sagt Peter. Damit würde ich dann weitermachen. Und genau so könntest du doch jetzt zum Bass wechseln. Die Voraussetzungen bringst du ja mit. Vom Kistenbass zum Kontrabass. Ich besorge dir einen zum Üben.

Aber so weit ist Wolfgang noch nicht, dass er jetzt schon Pläne machen könnte. Er muss erst einmal den Schlag in die Magengrube wegstecken, den dieser Satz ihm verpasst hat: Nie mehr Trompete spielen. Nie mehr.

Dann arbeite ich als Trompetenlehrer an der Musikschule, hat er gesagt, als seine Eltern ihn einmal fragten, was er denn machen wolle, der brotlose Künstler, falls er von seinen Auftritten als Musiker und vom Musiktheater wirklich nicht mehr leben könne. Trompetenlehrer geht aber jetzt auch nicht mehr. Nichts geht mehr, keine Zukunft.

Irgendwas finden wir schon, sagt Peter.

In Würzburg erklärt ihm ein freundlicher Gehirnchirurg noch einmal das Vorgehen - die Erfolgsaussichten stellen sich hier viel besser dar als in Düsseldorf. Wir können gerne einen Termin machen, aber wohnen Sie nicht in Wuppertal? Da liegt Essen doch viel näher. Die Kruppklinik, Professor Kühne. Bei dem hab ich gelernt. Alles, was ich kann, habe ich von ihm.

Professor Kühne arbeitet nicht nur in Essen, er stammt auch von dort - und wenn nicht aus Essen selbst, dann jedenfalls aus dem Ruhrgebiet, das hört man, die breite Aussprache, die kein einzelnes R nach Vokalen zulässt, wirkt auf Wolfgang als vertrauensbildende Maßnahme. Es ist Sommer, die Blätter beschatten hier im Park der Klinik den Schotterweg, der Professor ist barfuß in seinen Sandalen mit den weißen Riemen, ganz offensichtlich fühlt er sich wohl in seiner Umgebung und mit seiner Arbeit. Zum dritten Mal lässt sich Wolfgang das Prozedere erklären. Was man bei diesem Verkleben vermeiden muss: dass auf einmal gar kein Durchfluss erfolgt und plötzlich eine Hirnpartie nicht durchblutet wird. Jede Operation ist riskant, sagt der Professor, und so ein Gehirn ist natürlich ziemlich sensibel.

„Gehian“, sagt er. In Würzburg hat man „Gehirrn“ gesagt.

Wenn man nicht operiert, besteht das Risiko, dass der Schwamm noch mal ausblutet und so ein Grand Mal wiederkommt. Und wenn Sie weiter Trompete spielen, könnte sich ein solches Risiko erhöhen. Könnte, sage ich, muss aber nicht. Auch möglich, dass Sie genau so weiterleben wie bisher - und es tut sich überhaupt nichts.

Wolfgang stellt schließlich die Frage nach den Erfolgsaussichten, den Prozenten, und fürchtet sich vor der Antwort. Nein, bisher ist bei uns alles gut gegangen. Keine Komplikationen bei über einhundertfünfzig Operationen, kein Patient hat irgendeinen Schaden davongetragen. Also null Prozent bei dreimal so vielen Operationen wie in Düsseldorf, denkt Wolfgang.

Doch dieser Blutschwamm ist ziemlich groß und ziemlich nahe am Sprachzentrum, sagt der Professor. Bisher ist alles gut gegangen, aber Sie könnten der Erste sein.

Also ohne Gewähr, wie die Lottozahlen.

Er hat sich Bedenkzeit ausgebeten. Den Ausschlag gibt sein Herz. Es schlägt ihm bis zum Hals, als er auf dem Rad keuchend von der Innenstadt die steile Hochstraße hinauf in die Elberfelder Nordstadt nimmt, und er weiß: jetzt, in diesem Moment, könnte es wieder passieren, jetzt, in diesem Moment, könnte wieder gefährlicher Druck aufgebaut werden. Genau wie bei jeder plötzlichen körperlichen Belastung. Oder wenn er auf dem Klo sitzt und drückt, weil die Darmentleerung nicht von selbst gelingt. Wenn er vor Auftritten zu aufgeregt ist. Beim Sex.

Seine Freundin merkt, dass er sich sehr zurückhält, und obwohl sie ihn nicht darauf anspricht, spürt er ihre Irritation.

Die Angst wächst sich in den Folgetagen zu einem anhaltenden Problem aus, und er befürchtet, sie nicht mehr loszuwerden. Er ruft in der Essener Kruppklinik an und lässt sich einen Termin geben.

Im Oktober darf er kommen. Und bis dahin?

Du kommst erst mal mit mir, sagt Peter Kowald. Ich gebe jetzt eine Reihe von Konzerten in Griechenland, zusammen mit Jean, dem Tänzer aus der Bausch-Kompanie. Da kann ich jemanden gebrauchen, der sich um die Bühne kümmert, das richtige Licht und solche Sachen.

In Athen ist es heiß. Pina Bausch ist hier gerade bei ihrer griechischen Freundin zu Besuch, und sie verbringen einen Tag zusammen. Sie wirkt völlig entspannt und offen, nicht so scharf konzentriert, wie Wolfgang sie mal erlebt hat, als er mit Peter eine Probe besuchen durfte. Aber auch jetzt raucht sie unablässig und bläst ein Wölkchen nach dem anderen in den blauen Himmel. Am Abend im Restaurant sind sie also zwei Tänzerinnen und zwei Musiker. Aber jetzt bin ich ja gar keiner mehr, denkt Wolfgang. Was bin ich eigentlich? Heiteres Beruferaten. Machen Sie eine typische Handbewegung: Da lassen sich nur die leeren Handinnenflächen zeigen. Ach was, du bist jetzt mein Techniker, an mehr brauchst du noch gar nicht zu denken, sagt Peter und bestellt Retsina.

Eines der Konzerte findet auf dem Peloponnes dort statt, wo Peter im letzten Jahr bei einem Auftritt Eirini kennengelernt hat, die Malerin aus Patras, die er bald heiraten wird. Sie fährt eine Woche mit ihnen und setzt sich jeden Abend ins Publikum. Nach dem Konzert essen sie dann wieder gemeinsam im Restaurant, der Musiker, der Tänzer, die Malerin - und Wolfgang, der Techniker, mitten unter den Künstlern. Er hat Podeste, Verstärker und Boxen geschleppt, ist hoch ins Bühnengerüst geklettert und hat Scheinwerfer aufgehängt, und erst spät wird ihm bewusst, dass er dabei seine Angst vor einem Anfall völlig vergessen hat, den er durch körperliche Anstrengung vielleicht hätte auslösen können.

Aber dann denkt er doch einmal daran. Er hängt in acht Meter Höhe im Rigging und sieht hinunter. Wenn es jetzt passierte, in diesem Augenblick. Er beruhigt sich mit der seltsamen Vorstellung, dass er ja dann krampfte und seine Hand am Gerüst nicht loslassen könnte. Der Krampf als Rettung. Er sieht sich an einer Hand hängen und zucken und zappeln und sich wieder beruhigen und schnell mit der anderen Hand eine Gerüststange greifen, bevor die erste aus dem Krampf erwacht. So ein Quatsch, denkt er, als er vorsichtig wieder hinabsteigt. Zu den Künstlern unten auf der Erde. Er selbst ist kein Künstler, aber auch kein Epileptiker, er ist Techniker. Aber auch kein richtiger.

Der Sommer geht zu Ende und Wolfgang geht in die Klinik, vom Mittelmeer ins Ruhrgebiet.

Als er einen Hubschrauber hört, weiß er, dass da gerade wieder ein Notfall gebracht wird und seine OP noch einmal warten muss. Zweimal ist sie schon verschoben worden. Alle Voruntersuchungen hatte er hinter sich, er war bereit, das gepunktete OP-Hemdchen wurde ihm bereitgelegt, aber dann lieferte man einen verunglückten Motorradfahrer ein. Oder ein Mädchen, das beim Klettern von einem Baum gefallen war, einen Dachdeckerlehrling, ein Schlägereiopfer. Allen musste dringender geholfen werden als ihm, das sieht er ein. Und er muss die Tage ja nicht im Bett verbringen wie andere Patienten hier, er darf auch mal raus in den Park. Aber er weiß nichts mit sich anzufangen, läuft ziellos herum, geht wieder aufs Zimmer, nach einer Viertelstunde mit Zeitung oder Buch merkt er schon, wie seine Konzentration schwindet. Manchmal blitzt dann auch ein Gedanke auf: keine Gewähr. Sie könnten der Erste sein. Aber er vergeht schnell wieder, macht sich nicht breit. Der Zimmernachbar ist freundlich und ruhig, der Professor wirkt bei seinen kurzen Besuchen gleichbleibend gut gelaunt, unbekümmert, ist zugänglich, und Wolfgang vertraut ihm. Dem kann ich mich ausliefern, denkt er, und ihm wird bewusst, dass er hier die Verantwortung für seinen Körper ganz abgibt und dafür auch noch dankbar ist. Und das Warten wird erträglich.

Winni besucht ihn und erzählt, was aus ihrem Projekt wird. Es muss doch weitergehen, ansonsten müssten die Landesfördermittel zurückgezahlt werden. Das Thema bleibt, denn das war sicherlich einer der Gründe für die Bewilligung: Grenzen. Jetzt also nur zu zweit, Winni und Marie. Grenzen auch zwischen Personen, aber im neuen Titel werden sie aufgehoben: Aus „Du oder ich" wird „Duoderich", die Oder, unser Grenzfluss im Osten, steckt also auch drin, verbindet aber. Peter Kowald wird das Plakat gestalten. Es geht weiter, auch ohne Wolfgang, alles geht weiter. Aber wie geht es weiter mit Wolfgang? Ohne Theater, ohne Auftritte, ohne Trompete?

Irgendwas finden wir schon, sagt Winni.

Du hast gut reden.

Am nächsten Tag ist es so weit. Ein Pfleger schiebt das Bett mit Wolfgang, endlich im gepunkteten Hemdchen, in den OP, wo er zunächst eine Weile aus liegender Perspektive die Apparaturen mustern kann, die Schläuche und Kabel an den Wänden und unter der Decke, die an schwenkbaren Armen über ihm schwebenden Geräte, die großen Monitore. Ein schmaler Nebenraum ist durch eine Glasscheibe abgetrennt - wie bei einem Aufnahmestudio, denkt Wolfgang. Bei *Fortschrott* haben sie mal kurz darüber nachgedacht, etwas professionell aufnehmen zu lassen, den Gedanken aber verworfen, weil die Puristen der Straßenmusik sich durchsetzten. Jetzt geht der Professor in den Raum nebenan, nachdem er Wolfgang die Hand gegeben hat. Keine Narkose, auch keine Betäubung irgendwelcher Art, der Patient muss bei vollem Bewusstsein bleiben. Ob er nervös sei? Nein, eigentlich nicht, sagt Wolfgang, eigentlich eher neugierig.

Ein Oberarzt, der sich als Herr Nahser vorstellt, bereitet den Zugang in die Leiste vor, erklärt ihm auch noch einmal seine Vorgehensweise. Als dann die Sonde hineingeschoben wird, spürt Wolfgang kaum etwas, sieht nur, dass Herr Nahser immer mal wieder auf den Monitor und zum Professor hinter der Scheibe schaut. Und während er die Bewegung des Drahtschlauches durch den Blutkreislauf lenkt, erzählt der Arzt seinem Patienten sehr ruhig und sachlich, was er gerade macht, dass er jetzt noch um diese Kurve und durch jene Windung hindurchmuss, dass er jetzt fast am Herzen angelangt ist. Dass er jetzt im Herzen ist, mittendrin. Unglaublich, denkt Wolfgang, aber er spürt nichts und wundert sich über seine eigene Gelassenheit. Er hat sich diesen Menschen überlassen, dem Oberarzt und dem Professor, den er, da er auf der Seite liegt, gar nicht sehen kann, aber hinter sich und der Glasscheibe weiß.

Jetzt bin ich in Ihrem Kopf, sagt der Oberarzt. Und wir nähern uns langsam dem Schwamm. Ganz langsam. Und dann dem Zufluss, den ich gleich verklebe.

Und dann knallt es.

Im Nachhinein weiß Wolfgang gar nicht, ob er es akustisch wirklich als einen Knall wahrgenommen hat oder ob er mit diesem Wort die Reaktion seines gesamten Körpers bezeichnet, der zu explodieren scheint, als der Schwamm getroffen und verklebt wird. Farben, Blitze, seltsame kaleidoskopische Formen, immer wieder Farben. Psychedelisch, sagt er, der keine Drogenerfahrungen hat, später, wenn man ihn fragt. Euphorisch, tranceartig, beide Zustände abwechselnd und auch gleichzeitig. Als sich sein Bewusstsein wieder verengt, von der bunten Erweiterung aufs graue Tagesgeschehen, hört er den Oberarzt, wie er ihm sagt, dass alles gut gegangen ist. Er spricht noch weiter, aber jetzt nicht zu ihm, sondern zum Professor hinter der Scheibe, dessen Stimme Wolfgang erkennt, obgleich sie durch die Funkübertragung leicht verzerrt wird. Er versteht nichts von dem, was sie da sagen, kennt die Begriffe nicht, nimmt aber wahr, dass sie über ihn sprechen. Lange über ihn sprechen. Über Dinge in seinem Kopf.

Schließlich wendet sich der Arzt wieder an seinen Patienten. Noch mal, weil es so schön war, sagt er. Aber das machen wir morgen.

Doch am Morgen beim Aufwachen hört er das inzwischen bekannte Geräusch und weiß: Da ist wieder ein Hubschrauber mit einem Notfall. Noch einen weiteren Tag warten.

Am nächsten Morgen ist kein Hubschrauber zu hören und Wolfgang ist an der Reihe. Die zweite Verklebung steht an. Embolisation heißt das, lernt er, denn letztlich ist es eine künstliche Embolie, die erzeugt wird: Da wird etwas verstopft in seinem Kopf, in seinem Schwamm. Der Eingriff verläuft wie der erste zwei Tage zuvor, wieder knallt es, wieder erlebt Wolfgang Euphorie und Trance, wieder kommt er langsam zu sich, hört Oberarzt und Professor miteinander sprechen, wieder versteht er nur jedes dritte Wort. Sie reden lange, scheinen aber zufrieden mit der Operation und leiten schließlich die dritte Verklebung ein, der Schwamm soll noch kleiner werden. Wolfgang erwartet den erneuten Knall, er folgt auch, aber danach scheint irgendetwas nicht zu stimmen. Bisher hat der Arzt sich und damit die Sonde unendlich langsam und vorsichtig bewegt, jetzt aber scheint seine Hand zu zucken, fast als wollte er die Sonde mit einem Ruck herausreißen. Als Wolfgang wieder aufnahmefähig ist, hört er ihn sagen: Wir mussten abbrechen. Wolfgang will nach dem Grund fragen, aber er kann nicht sprechen. Er weiß gar nicht, wie das geht: sprechen. Doch hören kann er, er versteht auch, was gesagt wird. Und jetzt ist es der Professor, der spricht. Er hat sein Glashaus verlassen und steht neben Wolfgang.

Die Blutversorgung Ihrer linken Hirnhälfte ist für einen winzigen Moment unterbrochen worden, als ich nach der Stelle suchte, die wir verkleben wollten. Eines dieser Operationsrisiken, die ich Ihnen im Vorgespräch beschrieben habe, ist eingetreten. Und jetzt ist Ihre rechte Körperhälfte wie ausgeknipst. Versuchen Sie doch mal, sehen Sie Ihr rechtes Bein?

Wolfgang sieht sein rechtes Bein da liegen, neben dem linken. Er möchte ihm den Befehl geben, sich zu bewegen, das Knie soll sich heben, die Zehen sollen sich spreizen. Aber er weiß nicht, wie das geht. Nicht nur, dass das Bein ihm nicht gehorcht, er weiß auch nicht, wie er ihm überhaupt den Impuls dazu geben könnte. Eigentlich ist es gar nicht da, sein rechtes Bein. Er sieht es, aber es ist nicht da. Er will etwas sagen, aber auch das geht nicht.

Keine Bange, sagt der Oberarzt, das ist nur vorübergehend. Und tatsächlich, nach einer Viertelstunde kehren die ersten Funktionen zurück, nach etwa vier Stunden scheint er erst mal wiederhergestellt. Nur sprechen kann er noch nicht.

Als ihn seine Freundin Antje mit ihrer Tochter am nächsten Tag besucht, ist er immer noch sprachlos. Sie haben Stühle ans Bett herangezogen, die fünfjährige Amanda lässt ihre Beine baumeln, erzählt ihm etwas, stellt Fragen, und er versteht sie, kann aber nicht antworten. Es tut so gut, dass sie da sind, Amanda ist ihm wie eine eigene Tochter, und er möchte den beiden das auch ausdrücken, hat aber keine Worte. Vielleicht schaffen es ja seine Augen.

Erst einen Tag später, als die Worte zurückgekommen sind, wird ihm wirklich bewusst, in welcher Gefahr er gesteckt hat. Wie mag es sein, wenn einem plötzlich die Sprache ganz ausfällt? Nicht nur für einen Tag, sondern für immer? Lebenslänglich? Wenn die Gedanken gar nicht mehr zu Wörtern geformt werden können, nie mehr? Oder, im günstigeren Fall, wenn nur ein begrenzter Teil des Wortschatzes zur Verfügung steht, vielleicht nur noch der ohnehin sehr begrenzte englische oder französische?

Er hat Zeit, über solche Fragen nachzudenken, denn er muss jetzt noch einen weiteren Tag still liegen, mit einem Gewicht auf dem Verband, da, wo die Zugangsöffnung in der Leiste sich langsam wieder verschließt.

Es gibt zwar auch schon in Deutschland einige wenige neurochirurgische Bestrahlungszentren, die Gammastrahlen anwenden, Professor Kühne aber hat bei all seinen Embolisationen bisher erfolgreich mit einem Institut in Charlottesville, Virginia, zusammengearbeitet, seine Patienten also zur anschließenden Bestrahlung in die USA geschickt. Wolfgangs Schwamm ist zwar nicht so klein, wie er nach einer erfolgreichen dritten Verklebung geworden wäre, aber klein genug, und Kühne verweist ihn an das Lars Leksell Center, wo ein deutschsprachiger Arzt, Professor Steiner, operiert.

Wolfgangs Freund Rolli, der als Physiker in der Weltraumforschung arbeitet, hat seine Diplomarbeit über die Vermessung von Bestrahlungsfeldern geschrieben. Er erklärt Wolfgang, was da vor sich geht bei so einer „Gamma-Knife-Surgery“: Eine große Menge, um die zweihundert Gammastrahlen, werden aus verschiedenen Richtungen auf den Punkt im Schädel gerichtet, den sie zerstören sollen. Jeder einzelne Strahl ist so niedrig dosiert, dass er umliegendes Gewebe nicht angreifen, aber auch dem Ziel noch nicht gefährlich werden kann. Erst in der Summe und nur genau an der Stelle, an der sie zusammentreffen, werden die Strahlen wirksam. Und dann wandert die ganze Geschichte so lange, bis alle Punkte zerstört sind. Dauert natürlich. Aber ist eine großartige technische Leistung. Rolli ist fasziniert und möchte am liebsten zusehen. Das sagt er, doch Wolfgang hat den leisen Verdacht, dass ihn hier jemand bemuttern möchte.

Erst Jahre später wird ihm klar, dass sich Rolli Sorgen um ihn gemacht hat, so wie viele der Freunde und Freundinnen im Laufe der weiteren Jahre. Sie sprechen ihn nicht direkt an auf seine Epilepsie, aber räumen ihm oft Hindernisse aus dem Weg. Hindernisse im wörtlichen Sinn bei einem Anfall. In Pina Bauschs Stück „Café Müller“ hat Jean die Aufgabe, seiner tanzenden Kollegin den Weg durch die mit Stühlen vollgestellte Bühne zu bahnen; er lässt sie nicht aus den Augen, scheinbar nicht wissend, in welche Richtung sie sich als Nächstes bewegen wird, um dann rasch Stühle zu verschieben, umzustoßen, Platz zu schaffen. Diese berührende Achtsamkeit. Man schiebt ihm bei einem Grand Mal ein Kissen unter, legt ihm bei einer Absence eine Matte bereit für den Fall, dass er plötzlich umfallen sollte. Und es gibt ja noch Hindernisse anderer Art, die er gar nicht wahrnimmt, weil sie jemand schon vorher beseitigt hat: Vielleicht mochte ihm irgendwann irgendjemand irgendwas nicht zumuten, und Wolfgang hat nie davon erfahren, wird es auch nie wissen.

Eigentlich könnte Rolli sogar problemlos mit in die USA kommen. Denn die Dame von der Barmer Ersatzkasse eröffnet Wolfgang, er könne noch eine Person als Begleitung mitnehmen. Sie hat angerufen, weil sie sein Einverständnis möchte, dass ein vom Institut eingeladener Personenkreis aus Ärzten und möglichen Kunden zuschauen darf. Dann sei er ein „didaktischer Fall“ und die Kosten würden von fast 21.000 auf rund 16.000 Dollar gesenkt.

Warum er dann aber doch lieber ohne Rolli hinfliegt, kann Wolfgang sich heute nicht mehr richtig erklären. Irgendwas von Da-muss-ich-alleine-durch. Oder Kannman-doch-keinem-zumuten. Er lässt sich auch von niemandem zum Flughafen bringen. Lasst-mal-ist-doch-keine-große-Sache.

Sein erster Flug über den Atlantik. Ist ja doch eine große Sache, denkt er. Und in Washington D.C. hätte er jetzt eigentlich gern Rolli oder jemand anderen dabei, als er das richtige Gate finden muss, um dort auf das kleinere Flugzeug zu warten, das ihn nach Charlottesville bringt.

Mr Suchner?

Wer hat eigentlich organisiert, dass die Dame mit dem deutschen Namen, Mrs Strauss, ihn vom Flughafen abholt? Ehrenamtlich, sagt sie, sie sei Volunteer. Sie öffnet ihm die Beifahrertür ihres kleinen Autos und Wolfgang bemüht all sein Englisch, um die wenigen Fragen, die sie stellt, korrekt zu beantworten. Aber meist fällt sie ihm schon ins Wort und führt die Antwort selbst zu Ende. Auf der Fahrt erkennt er die USA an überdimensionierten Tankstellenschildern und den riesigen Reklametafeln. Und dann endlich auch an der Siedlungsstraße, an der Mrs und Mr Strauss‘ kleines freistehendes Holzhaus neben anderen liegt, zurückgesetzt, kleiner Rasen davor, an einem Pfosten der Briefkasten, damit der Postman sich nicht zum Haus bemühen muss. Diese Straßen kennt man aus Filmen, da fährt morgens doch immer der Zeitungsjunge vorüber und pfeffert die Papierrollen über den Rasen genau in den Hauseingang.

Er bekommt noch was zu essen, schläft wie ein Stein, darf dann, als er aufwacht, sofort wieder frühstücken.

Im Krankenhaus, wo er am Morgen sein Zimmer bezieht, läuft das Verfahren, das er schon kennt: Voruntersuchungen, dazwischen lange Wartezeiten im Krankenzimmer, Warten auf Stühlen vor dem Behandlungsraum, Blicke aus dem Flurfenster: Da draußen ist Amerika. Auf dem Parkplatz vor dem Krankenhaus stehen Pickups und auch noch ein paar alte Chevys, sogar ein Gran Torino ist dabei, bei dem es Wolfgang, dem Autoschrauber, fast in den Fingern juckt. Bei ihm zu Hause in Wuppertal wartet sein alter Citroën. Aufs Zimmer, Mittagessen, auf die Uhr schauen. Voruntersuchung. Warten, auf die Uhr schauen. Abendessen. Die Bestrahlung erfolgt erst am nächsten Tag. Im Infoblatt hat er gelesen:

... ein Metallrahmen wird in örtlicher Betäubung auf dem Kopfe befestigt. Die Prozedur ist nicht angenehm, aber ungefährlich und nicht schmerzhaft. Wir wenden sie auch bei Kindern an, allerdings nicht bei jüngeren, da diese nicht stillhalten können.

Wolfgang stellt sich eine Art eisernen Heiligenschein vor, aber wir bekommt man den fest?

Die ganze Prozedur dauert 2 bis 5 Stunden. Danach wird der Rahmen entfernt, der (die) Patient(in) wird auf das Zimmer gefahren und darf essen und trinken. Am nächsten Tag verlässt der (die) Patient(in) das Krankenhaus und darf nach Hause.

Im Vorbereitungsraum wird ihm wieder ein Leistenzugang gelegt, denn für die Bestrahlung muss vorher in einem Röntgen-Verfahren noch einmal ein Bild der Gefäße gemacht werden, und dazu ist ein Kontrastmittel nötig, das durch die Sonde eingespritzt werden soll. Dann zeigt man ihm den von Bügeln überwölbten Heiligenschein, er darf ihn liegend in Augenschein nehmen, bevor er befestigt wird. Er sieht: Der Kranz hat Löcher, die wiederum haben ein feines Gewinde. Jetzt erst wird ihm klar, was gleich, nach der Spritze für die lokale Betäubung, mit ihm geschehen und wie der Kranz befestigt wird. Vielleicht hätte er doch um einen Tranquilizer bitten sollen, ein Beruhigungsmittel, aber jetzt ist es zu spät. Er muss seine Brille einem der Ärzte und Pfleger geben, der Raum verschwimmt vor seinen Augen. Doch sehr klar und scharf sieht er jetzt wieder vor sich das kleine Äffchen, das, eingespannt und eingeschraubt in ein brutales Metallgerüst, dem Betrachter aus den Plakaten von Tierversuchsgegnern so ängstlich entgegenschaut, so hilfesuchend.

Die gemurmelten Sätze, die an sein Ohr dringen, sind nicht an ihn gerichtet und sein Englisch reicht auch dafür nicht aus. Er sieht nichts und versteht nichts. Den dritten der drei Affen, der sich nicht Augen oder Ohren, sondern den Mund zuhält, braucht er nicht zu bemühen, er hat ohnehin nichts zu sagen. Er selbst ist der Affe, ganz allein gelassen, hat sich wieder ausgeliefert, aber die ruhige Zuversicht, mit der er in die Embolisationen in Essen gegangen ist, fehlt ihm hier. Und selbst wenn er sie erneut wachrufen könnte: Spätestens bei den Erschütterungen, die jetzt seinen Schädel durchlaufen, würde sie sich davonmachen. Kein Schmerz, aber das Dröhnen und die Vibration scheinen seinen Kopf platzen zu lassen, und er weiß: Jetzt schraubt da jemand. Setzt so wie er an seinem Citroën den Akkuschrauber an, diese Schraube aus Aluminium, klein und sehr spitz, dringt durch die Haut in Knöchernes ein. Viermal hintereinander. Viermal dröhnt, vibriert, platzt der Schädel. Dann ist er fixiert. So steif und unbeweglich, dass er meint, noch nicht mal grimassieren zu können. Er versucht es gar nicht erst.

Nach weiterem Warten, das ihm unendlich lang erscheint, wird sein Bett in den OP geschoben. Wieder hört er Stimmen und jetzt ist auch mindestens eine deutsche dabei. Richtig, denkt er, ich bin ja ein didaktischer Fall, ich habe Zuschauer.

Aus der liegenden Position kann er das Bestrahlungsgerät, in das er hinein soll, nur leicht verzerrt wahrnehmen. Eine unten abgeflachte Kugel, wie ein kleinerer Atommeiler. Er fühlt sich vom Bett gehoben und auf die Trage gelegt, die ihn mit dem Kopf zuerst in die Kugel hineinfährt. Zwei bis fünf Stunden, stand auf dem Informationsblatt. Das kann ja heiter werden, denkt er, aber der Galgenhumor funktioniert nicht. Auch dass er Fachpersonal im Raum weiß, dass alle sich um ihn kümmern, dass der behandelnde Arzt gerade in dieser Situation vor Zuschauern peinlichst genau darauf achten wird, keine Fehler zu machen - auch dieser Gedanke reicht nicht aus, um das kleine Äffchen zu vertreiben, das er immer noch vor sich sieht. Oder den großen, alten Affen Angst.

Irgendwann schafft er es dann doch, diesen Affen und alles andere in helle, freundliche Wolken zu schieben und diese durch das dunkle Innere der Kugel ziehen zu lassen, während er sich die unsichtbaren Gammastrahlen, die ihn jetzt von allen Seiten treffen, als Blitze vorstellt. Gedanken ziehen vorbei wie Wolken am Himmel, sagt er sich, immer wieder, Gedanken ziehen vorbei wie Wolken am Himmel. Sie ziehen durch seinen Kopf und durch die Kugel. Und schließlich ziehen sie wirklich vorbei und es ist vorbei.

Die Krankenschwester, die das Abendessen aufs Zimmer gebracht hat, sagt ihm, dass er sich hier noch den ganzen nächsten Tag ausruhen kann. Geht nicht, sagt er, morgen geht doch mein Flugzeug. Geht nicht, sagt sie, der Leistenzugang ist doch noch nicht zu, der Druckverband muss auch morgen noch drauf bleiben. Dann muss ich eben mit Druckverband fliegen, sagt er.

Mrs Strauss holt ihn am nächsten Tag ab und fragt, wie es war, ergänzt wieder seine Antworten, so wie sie glaubt, dass sie lauten müssten, und Wolfgang widerspricht nicht.

Im Flugzeug muss er darauf achten, nicht in der Leiste einzuknicken, damit der Druckverband an Ort und Stelle bleibt. An seinem Platz ist das unmöglich. Die Stewardess hat ein Einsehen und er darf mit einem Passagier tauschen, dessen Sitz mehr Beinfreiheit bietet. Er streckt sich so gut es geht, legt die Hände in den Nacken, bewegt sein Genick. Kopf ohne Schwamm, denkt er und befühlt die Spuren der vier kleinen Schraublöcher an der Kopfhaut, Kopf ohne Schwamm. Klappe zu, Affe lebt.

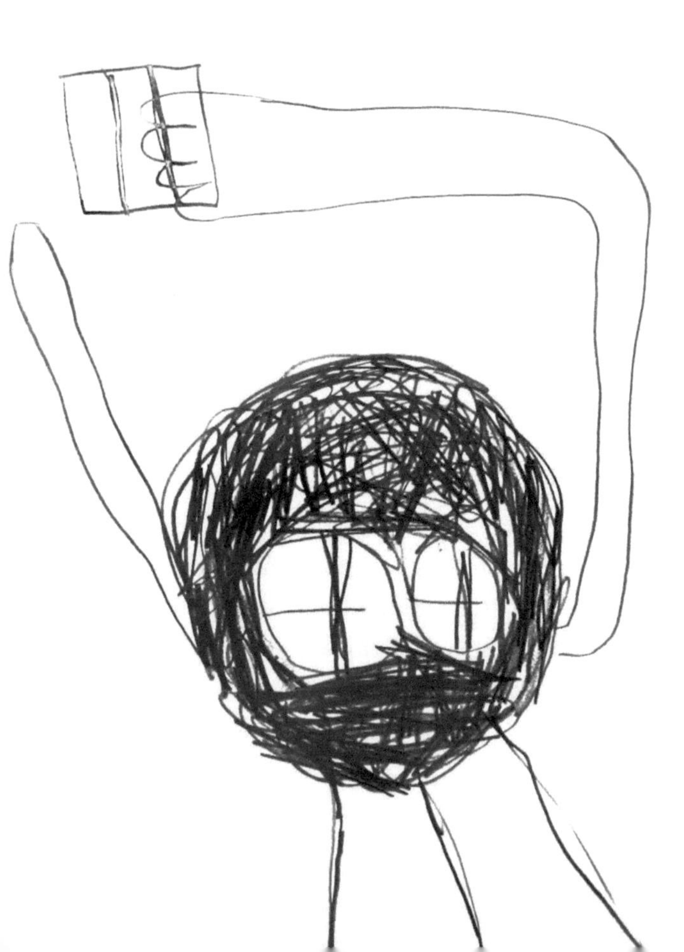

3 Die Sucht zu fallen

Du bist kein Epileptiker, sagt seine Mutter. Sie ist in der Nazizeit erwachsen geworden, als man Geistesgestörte, Verrückte, Bekloppte nicht nur in Irrenhäuser steckte, in Klapsmühlen, sie nicht nur aus den Augen verlieren, sondern sie ganz und gar loswerden wollte. Weg damit, ganz schnell, mit Stumpf und Stiel. Unter das „Gesetz zur Verhütung erbkranken Nachwuchses“ fielen auch Epileptiker, mussten ab 1934 angezeigt werden, sollten sich nicht vermehren, standen ja der Vervollkommnung der arischen Rasse im Weg.

Erblich wäre das, sagte man.

Erbliche Fallsucht. Das hieß ja, dass diese Krankheit nicht nur an nächste Generationen weitervererbt werden konnte, und davor musste der gesunde Volkskörper unbedingt geschützt werden, sondern auch, dass sie aus einem Erbe rührte, die Eltern also direkt damit zu tun hatten, die Mutter sie ihm weitergegeben haben könnte, diese Fallsucht.

Du bist kein Epileptiker, sagt die Mutter.

Ist doch gar nicht erblich, sagt Wolfgang. Weiß man heute.

Und wenn schon, sagt sie.

Der Schwamm ist nicht restlos verschwunden. Zweimal im Jahr lässt Wolfgang sich in Essen untersuchen, denn da ist ja immer noch das durch das Gamma-Knife erheblich geschrumpfte „Hämangiom arteria cerebri media", also kein aus einem Knäuel fehlverbundener Blutgefäße gebildeter Schwamm mehr, sondern eine aus Geweberesten gebildete Zyste, und darauf geht vermutlich seine „fokale Epilepsie" zurück, „mit psychomotorischen und generalisierten tonisch-klonischen Anfällen an der noch übrig gebliebenen großen Zyste am Sprachzentrum". Es ist eine strukturelle Epilepsie, das heißt, dass sie eine erkennbare organische Ursache hat. Man kann feststellen, wo der Herd sitzt.

Die „Epilepsie mit psychomotorischen Anfällen" dagegen zeigt die gleichen Symptome, also die Anfälle, allerdings ohne dass in den Irrungen und Wirrungen des Gehirns, in den verschlungenen Pfaden, durch die die elektrischen Impulse blitzen, genau die Stelle auszumachen wäre, die die Hirntätigkeit stört. Den Geist stört. Geistesgestört. In der Nazizeit unterschied man anders, nämlich die zwischen genuiner, also erblicher, und symptomatischer Epilepsie. Hätten die Naziärzte die heutigen Untersuchungsmethoden zur Verfügung gehabt, so wäre Wolfgang von ihnen vielleicht in die erste Kategorie eingestuft worden: ein erkennbarer Hirnschaden, organisch.

Möglicherweise lässt sich das vererben, hätten sie dann eventuell gedacht, und das Sterilisationsmesser gewetzt. Ohne diese Methoden aber wären sie wohl danach vorgegangen, ob die Symptome von Kindheit an oder erst später aufgetreten sind. Und dann wäre Wolfgang vielleicht als nur symptomatischer Epileptiker dem Messer entgangen.

Wer weiß.

Wäre er aber zu auffällig geworden, etwa mit häufigen Grand Mals in der Öffentlichkeit, hätte er in ein Heim eingewiesen werden und dann zu den Zehntausenden gehören können, die man ab 1939 dann ganz schnell loswerden wollte. Der Krieg kostete Geld, und Patienten waren zu teuer. Unwertes Leben, das man verhungern ließ oder vergaste. Kinder wurden mit einer erhöhten Dosis des Epilepsie-Medikaments *Luminal* totgespritzt. Man brauchte schließlich Lazarette, da mussten Betten freigemacht werden.

Ob erblich oder nicht, du bist jedenfalls kein Epileptiker, sagt die Mutter, und will auch nicht weiter zuhören. Mit dir ist doch alles in Ordnung. Immer gewesen. Sie zeigt auf ein kleines gerahmtes Kinderfoto an der Wand. So ein lieber Junge.

Ja, lieb sieht er aus, dieser Junge, denkt Wolfgang. Bin ich das? War ich das? Und sehe ich da nur lieb aus? Oder nicht auch traurig? Dieses Lächeln wirkt ja nicht wirklich frei.

Er weiß, dass auch seine Mutter oft traurig war in dieser Zeit. Immer dann, wenn sie von ihrem Vater sprach, der so früh gestorben war. Was für ein Mensch war mein Opa?

Wolfgang hat ihn nicht kennengelernt, weiß nur, dass seine Mutter ihn liebte und verehrte, so sehr, dass sein Tod das Ende ihrer Schwangerschaft auslöste. Knapp zwei Wochen nach der Beerdigung kam Enkel Wolfgang zur Welt, viel zu früh, das frühe Kind einer späten Mutter. Sechs Wochen Brutkasten, Wärmebettchen, kein Körperkontakt zu der, die ihn geboren hatte.

Ohne jegliche Verbindung zum Mutterleib, in dem er herangewachsen war, ohne den Schutz dieses Körpers mit seinem besonderen, vertrauten Geruch und Geschmack wird das abrupte Hineingeworfensein ins äußere Leben von Angst erfüllt worden sein, denkt er. Sechs Wochen Angst. Kein guter Start.

Als die Mutter ihn endlich mit nach Hause nimmt, trauert sie immer noch um den geliebten Vater. Sie kann ihren kleinen Sohn zwar wickeln, ernähren, pflegen, auf ihn achten, ihn aber nicht so in den Arm nehmen wie erforderlich wäre, um die künstliche mütterliche Wärme des Brutkastens durch eine echte abzulösen, womit das Trauma gelindert oder gar aufgelöst werden könnte.

Der Vater, der Jurist, ist nicht viel zu Hause, wie die meisten Väter damals, fährt am frühen Morgen los, um pünktlich seinen Dienst im Wuppertaler Landgericht anzutreten, kehrt erst am späten Nachmittag zurück. Den Nachwuchs, Wolfgang und seine fünf Jahre ältere Schwester, versorgt die Mutter, sie achtet auf gesunde Ernährung, ordentliche, saubere und angemessene Kleidung, besonders am Sonntag, auf den richtigen Umgang mit den richtigen Kindern, die richtigen Schulen, macht eigentlich alles richtig. Folgt den Regeln ihres protestantischen Glaubens, dem sie sich von Kindheit an streng verbunden fühlt, hat sie doch schon als Mädchen Straßen mit überwiegend katholischen Bewohnern gemieden - was in einem so kleinen Ort wie Langenberg gar nicht einfach war. Konfession war Identität, und die protestantischen Kinder prügelten sich mit den katholischen.

Protestantischer Geist herrscht jetzt auch hier in ihrem gutbürgerlichen Haushalt, Luxus und Überflüssiges wird vermieden, all das, vor dem die Katholiken als den sieben Todsünden warnen, Hochmut, Habgier, Wollust, Zorn, Völlerei, Neid und Trägheit: Hier, bei den Protestanten, werden diese Mahnungen nicht nur propagiert, hier werden sie ernst genommen. Hier gibt es so etwas nicht, hier gelten Regeln. Die Kinder sind darauf bedacht, die Regeln einzuhalten, wollen sie weiter die Zuwendung der Eltern.

Nein, er guckt nicht nur lieb, der Junge auf dem Kinderfoto. Auch traurig.

Herr Goldau kommt aus dem Arbeitermilieu des Ortes und ist Katholik. Er arbeitet jetzt an der Langenberger Musikschule als Trompetenlehrer, möchte mit Kindern eine eigene Blaskapelle auf die Beine stellen und verteilt Handzettel, spricht die Kinder und ihre Eltern im Zentrum persönlich an. Als er mit Wolfgang spricht, sind seine Eltern nicht dabei, der Elfjährige fasst sofort Vertrauen zu ihm und er nimmt den Zettel mit nach Hause.

Eigentlich haben ihm Trompeten als Kind zuerst nur Angst gemacht. Sie waren einfach zu laut, und Wolfgang ließ jedes Mal die Hand seiner Mutter los, um sich mit beiden Händen die Ohren zuzuhalten, wenn beim Schützenfest ein Fanfarenzug durch die kleinen Straßen des Langenberger Stadtkerns zog. Und so wundern sich die Eltern, als der Elfjährige auf einmal verkündet, er wolle mit dem Klavier aufhören, die Lehrerin sei doof, sie ziehe die Mädchen vor, zu seiner Schwester sei sie immer so nett und ihm haue sie bei kleinsten Fehlern auf die Finger. Schluss. Er wolle jetzt Trompete lernen, denn das sei das eigentliche Instrument für Jungen. Oder zunächst einmal Flügelhorn, habe Herr Goldau gesagt; ob sie wüssten, was das für ein Instrument sei?

Sie versuchten noch, ihn umzustimmen, ließen aber dann geschehen, dass sich der Sohn, befreit von Fingerübungen und Lehrerin, ganz auf dieses laute Instrument einließ. Der neue Lehrer war anders. Er schien unendlich Zeit zu haben, um nicht nur auf falsche Töne zu horchen, sondern auch dann immer genau zuzuhören, wenn es Wolfgang gar nicht um Flügelhorn, Trompete und Musik ging. Da war so viel, was er zu Hause nicht loswurde, und es spielte sich auch viel leichter, wenn es heraus war. Er lernte schnell und durfte schon bald in die Blaskapelle, die sich als ein neues Zuhause erwies mit diesem Lehrer als Ersatzvater, mit dieser Gruppe von Kindern aus allen sozialen Schichten, nicht nur Gymnasiasten, mit denen die Eltern ihn lieber gesehen hätten. Freunde. Und Freundinnen. Gemeinsame Übungswochenenden in Jugendherbergen, Fahrten mit Erlebnissen auch jenseits der Musik. Zusammen taumelten sie durch die Pubertät, zusammen verschafften sich Goldaus Musiker aber auch den dringend benötigten Rückhalt, schraubten gemeinsam an ihren Mofas, stürzten miteinander Alkoholfälle hinunter in Ungeahntes, schwärmten zusammen von den Langenberger Schönheiten des einen oder anderen Geschlechts. Und immer wieder Musik.

Mit der Entscheidung, Trompete zu lernen, hatte er dieses Zuhause gefunden, die Trompete bestimmte seinen Lebensweg, an ihr konnte er sich festhalten.

Bei Konzerten konnte Wolfgang dann auch mal - über dem Rand der Trompete vor seinem Mund - in den Zuschauergruppen Kinder sehen, die sich die Ohren zuhielten.

Trompete. Damit ist es jetzt vorbei. Er fällt ins Bodenlose.

Fallsucht, nicht erblich.

Das *Ernst Musiktheater* mit dem Dauerbrenner „Dreck am Stecken“ und dem beinahe geregelten Einkommen kann er erst einmal vergessen. Selbst wenn sie das Stück umbauten, sodass er keine Trompete spielte, würde er sich noch nicht wieder auf eine Bühne trauen - Marie und Winni müssen sich einen neuen Mitspieler suchen. Wenn er, der Bodenlose, jetzt das Angebot von Peter Kowald annimmt und ihn zu Konzerten auf griechische Inseln begleitet, könnte er dort eine Zeitlang ohne Geld leben, aber das ist noch kein Boden.

Die Lösung kommt durch *Fortschrott:* von den Straßenmusikern, die inzwischen Bestandteil eines ganzen Netzwerkes sind, die linke Straßenmusik als Bewegung. Da haben es inzwischen etliche mit ihrer Kunst so weit gebracht, dass sie gut davon leben können. Einige haben eigene Theater gegründet und sind damit erfolgreich, manch einer hat sogar ab und zu einen gut bezahlten Fernsehauftritt. Andere verkneifen sich einen Abend lang ihr politisches Anliegen, wenn sie auf Firmenjubiläen und Weihnachtsfeiern für dicke Gagen Großindustrielle unterhalten und manchmal auch deren Arbeiterschaft, wieder andere sind gerade wegen ihrer Botschaft bei anderen Anlässen gefragt. Oette der Gaukler, der von Wolfgangs Bodenlosigkeit erfahren hat, gehört zu denen, die sich an die Industrie verkauft haben, aber die von ihm gestartete Aktion, mit der er bei den Kollegen anklopft, bringt dem Trompetenlosen mit etwa tausend Mark im Monat um einiges mehr, als er vorher mit seiner Trompete und den Auftritten beim *Ernst Musiktheater* verdienen konnte: Von jeder Gage der Erfolgreichen flattert ein kleiner, manchmal ein größerer Schein auf Wolfgangs Konto, und länger als ein Jahr lebt er jetzt von einer zur selbstverständlich erklärten Solidarität mit dem Epileptiker.

Eigentlich ist er gar keiner.

Seine Mutter will es nicht wahrhaben.

So wie sie Amanda am liebsten gar nicht zur Kenntnis nehmen würde. Das Mädchen hätte so gerne Oma und Opa wie andere Kinder. Aber Antjes Eltern wohnen weit entfernt und haben ihre Großelternrolle nie angenommen, so wie jetzt auch Wolfgangs Eltern gar nicht merken, wie wichtig dem Sohn das Kind ist. Es ist nicht sein leibliches, und das zu wissen genügt, um keine Nähe zu Amanda aufkommen zu lassen.

Neurologen, und er hat inzwischen schon mit etlichen gesprochen, haben ihm dringend nicht nur vom Trompetenspielen, sondern auch vom freien Kunstschaffen und Ähnlichem abgeraten. Da ist ja immer noch diese Zyste am Sprachzentrum. Was er brauche, sei eine verlässliche Struktur, nicht dieses Auf und Ab mit immer neuen Aufregungen und Enttäuschungen, die neue Anfälle provozieren könnten. Wolfgang rührt seine Trompete noch nicht an, hält sich aber nicht an diese dringenden Empfehlungen. Er ist ja gar kein Epileptiker, hat seine Mutter gesagt, und manchmal möchte er ihr einfach glauben, trotz allem.

So setzt er sich entgegen den Empfehlungen ganz der Unbeständigkeit des Künstlerlebens aus, wenn er Peter Kowald auf seinen Tourneen begleitet, seine Konzerte mit einrichtet und schließlich filmt. Zuerst wieder auf griechischen Inseln, wo sich Peter, der auf dem Gymnasium noch Altgriechisch gelernt hat und nun manchmal von Wuppertaler Gerichten als Übersetzer für Neugriechisch angefragt wird, immer am wohlsten fühlt. Nur einen Monat kommt Peter mit seinem Kontrabass über private Künstlerkontakte zu Aufnahmen und einem Konzert nach Moskau, nimmt dann zu den weiteren Stationen der Tournee die Transsibirische Eisenbahn, Eirini fährt mit, und auch Wolfgang, der Filmer. Aber da draußen, vor dem Fenster des Eisenbahnabteils, geschieht nichts, was er filmen könnte, tagelang dieselben eintönigen Landschaften. Aufregend wird es erst bei den Stopps zu den Konzerten, die fremden Örtlichkeiten, die spartanische Unterbringung, die holprige Verständigung mit immer neuen, ganz fremden Gesichtern. Aufregend ist auch das Mädchen, das er in Tomsk kennenlernt, das auf ihn zukommt, ohne dass er ihr nachsteigen muss, eine völlig neue Erfahrung, und sie regt ihn immer noch auf, als die kleine Gruppe Tomsk und Novosibirsk längst hinter sich hat und auch die gebirgige Landschaft wieder neue Blicke liefert. Alles aufregend, aber kein Anfall.

In Wladiwostok nehmen sie ein Flugzeug zurück nach Moskau. Hier sind plötzlich die Aufnahmen verschwunden, die sie zwei Wochen zuvor in dem Studio hinterlassen haben, das sie mit Peters russischem Kollegen gemietet hatten. Weg. Keine Erklärung. Und als sie die Heimreise per Zug antreten wollen, lässt man sie auf dem Moskauer Bahnhof nicht einsteigen. Auch hierfür keine Erklärung. Die Beamtin, unbeeindruckt von den vorgezeigten Tickets, brummt unfreundlich ein paar russische Worte und weist sie ab, wird barsch und laut, als sie nicht gleich verschwinden. Irgendetwas scheint mit der Reservierung nicht zu stimmen, sagt Peters Kollege, aber er weiß auch keinen Rat. Sie versuchen es noch einmal am nächsten Tag, erfolglos. Dieselbe unfreundliche

Beamtin. Der dritte Tag ist der 21. April und Peter hat Geburtstag, achtundvierzig Jahre wird er alt. Im Bahnhof kauft er eine Blume, legt der Frau seinen aufgeschlagenen Pass auf das Schalterbrett und lässt von seinem russischen Kollegen übersetzen:

Sehen Sie, heute ist mein Geburtstag. Deshalb habe ich eine Blume gekauft, aber die ist nur für Sie.

Und es geschieht das eigentlich Unmögliche: Die Beamtin blickt kurz auf, dann zückt sie ihren Stempel, drückt ihn in die Pässe von Peter, Eirini und Wolfgang und lässt sie alle auf das Gleis. Sie sieht ihnen noch kurz nach und Wolfgang glaubt einen Anflug von Lächeln um ihren Mund zu bemerken. Aber da kann er sich auch irren.

Zu Hause überlegt Wolfgang, ob er Antje von der Russin erzählen soll. Nein, nicht von der Schalterbeamtin, sondern von dem Mädchen aus Tomsk. Ob überhaupt, und wenn ja: wie. Aber Antje schreibt gerade an ihrer Examensarbeit und er sagt ihr besser mal gar nichts.

Im Spätsommer desselben Jahres ist er schon wieder mit Peter Kowald unterwegs, diesmal in Togo, Afrika. *Afrikanisch-europäische Inspiration* nennt sich das Projekt von fünf bildenden Künstlerinnen, darunter Ulrike Arnold mit ihren Erdbildern und der Initiator El Loko, der aus Togo stammt und wie Ulrike an der Düsseldorfer Akademie studiert hat. Wochen, vollgepackt mit Begegnungen togolesischer Künstler verschiedenster Sparten, gemeinsamer künstlerischer Arbeit, der Suche nach dem „uns innewohnenden Mythos, der schwer beschreibbaren Kraft jenseits der alles so einfach erklärenden Ratio und Rationalität - als Künstler, nicht als Esoteriker“, wie es im Konzeptpapier heißt. Sie reisen mit einem Bus durch das kleine Land, diese frühere deutsche Kolonie, besuchen Künstlerateliers, Werkstätten, Musik- und Tanzdarbietungen in den Dörfern, nehmen teil an lokalen Riten und führen auch eine eigene Performance durch, verarbeiten ihre Eindrücke in Werken, die sie zusammen mit denen einheimischer Künstler dort und später in Deutschland ausstellen. Peter ist der Musiker, Wolfgang der Filmer. Eine aufregende Zeit, sehr aufregend, aber kein Anfall, an den er sich später erinnern kann.

El Loko hat sie für die Zeit nach der Rundreise zu zweit und zu dritt in einzelnen Häusern seines Heimatdorfes untergebracht, die nachts von Männern bewacht werden. Die ganze Nacht also liegt da jemand vor ihrer Haustür, auf dem nackten Boden. Das ist kaum zu ertragen. Nein, sagt El Loko, ihr dürft sie nicht reinbitten. Die Männer wären beleidigt. Sie haben da ihre Aufgabe, beim Bewachen der Häuser, sie fühlen sich ernst genommen. Wir sorgen hier mit unserem Projekt für Arbeit, bezahlte Arbeit.

Eine Köchin ist für sie engagiert, und in einem größeren Gebäude essen sie immer gemeinsam in einem zentralen Raum, um den sich die Ateliers gruppieren, die hier eigens für die Künstlerinnen eingerichtet wurden.

Eines Morgens liegt eine anderthalb Meter lange tote Schlange vor der Türschwelle. Ohne Kopf. El Loko ist entsetzt, hält das für ein böses Zeichen, eine Warnung vielleicht? Von wem? Er ermahnt alle, jetzt äußerst vorsichtig zu sein. Doch es passiert nichts.

Am Abend stellt Peter sich mit seinem Kontrabass an das Flusstal, das nahezu ausgetrocknet ist, aber in der Mitte noch so viel Feuchtigkeit enthält, dass sich Frösche tummeln können. Er spielt, und sie begleiten ihn. Heut ist ein Fest bei den Fröschen am See, spielt er, und sie spielen mit, laut, aufgeregt, ohrenbetäubend. Er hört auf und sie verstummen sogleich. Er setzt wieder neu an, und sie fallen ein. Er setzt den Bogen ab und sofort schweigen auch sie. Er spielt immer kürzere Sequenzen, setzt immer abrupter ein, und die Frösche halten mit.

Als sie zurück zu ihrer Hütte gehen, ist die Nacht so schwarz, dass sie von dem Mann, der plötzlich ganz dicht vor ihnen erscheint, erst nur die Zähne sehen. Schwarzafrika, denkt Wolfgang.

Das Geschehen, das er aus einiger Entfernung beobachten kann, bei dem inmitten der Lehmhütten des Dorfes Männer um ein Lagerfeuer sitzen, Hühner hochhalten, in einer Drogentrance, wie es Wolfgang scheint, etwas murmeln, das sich wie Gebete oder Zauberformeln anhört, und einigen Tieren dann mit schnellem Ruck den Hals umdrehen, scheint eine Vodoo-Schlachtzeremonie zu sein. Es dauert drei aufeinanderfolgende Nächte, in denen die Trommeln nicht aufhören und in einen unruhigen Schlaf eindringen, die Bilder folgen ihm in einen Traum, der ihm all die rassistischen Vorstellungen aus der Kolonialzeit beschert, weiße Menschen wie er in schwarzen Kochtöpfen, ein Traum also, verstörend und aufregend genug, aber kein Anfall.

Zurück in Wuppertal, steht plötzlich die Russin vor ihm, die er in Tomsk getroffen hat, aufregend auch sie. Peter Kowald hat ihre Einreise vermittelt, erfährt Wolfgang jetzt erst. Peter lässt sie bei sich wohnen, aber er selbst geht für ein halbes Jahr auf Tournee durch die USA und überlässt alles Wolfgang. Drei Treppen unter Wolfgang also wohnt sie jetzt. Er sieht sie ständig, und auch an Tagen, an denen er sie nicht in seine Wohnung lässt, begegnet er ihr im Treppenhaus.

In der Kneipe gegenüber trifft er Rolli.

Du musst reinen Tisch machen, sagt der.

Wolfgang sieht keinen reinen Tisch. Er stellt sich einen Tisch voller Brotkrümel vor, Quark und Marmeladenreste sind angetrocknet, Gläser haben Kränze hinterlassen. Und nach dem Wischen, dem gründlichen Wischen, bleibt er nur kurz rein, bis er schon bald wieder benutzt wird.

Der Tisch hier in der Kneipe ist blankgewischt und es stehen zwei Bier vor ihnen.

Egal was ich mache, das Chaos in meinem Kopf bleibt, sagt er. Ich kann sie doch nicht rausschmeißen, es ist doch nicht mein Haus. Außerdem hat sie hier niemanden außer mir.

Wenn du es Antje nicht erzählst, wird es immer schlimmer.

Aber was, wenn sie mich dann verlässt? Und wenn sie Amanda mitnimmt?

Das wäre fast noch schlimmer. Amanda nennt ihn Papa und er ist ja auch ihr Papa. Ein Papa, der aber ständig unterwegs ist.

Das solltest du riskieren, sagt Rolli.

Antje verlässt ihn nach heftigen Vorwürfen und die Russin stellt Erwartungen, denen er sich zu entziehen sucht, was auch bei ihr zu Vorwürfen führt. Es wird schlimm. Jetzt bloß nicht umfallen, kein Anfall, bitte nicht.

Ein Chaos, das erst endet, als er Birgit kennenlernt.

Nein, er hat sie schon vor Jahren kennengelernt. Freiberuflerin wie er selbst, Grafikerin, immer in irgendwelchen Projekten von Kunst, Musik und Theater unterwegs, da kennt man sich eben.

Wolfgangs Chaos endet, als mehr daraus wird, als beide sehen, dass sie die Grundlage für die Liebe schon längst geschaffen haben. Mit einem Mal glätten sich Wogen. Eine Beziehung kann auch einfach und selbstverständlich sein. Alles beruhigt sich und alles wird allmählich gut. Nur Amanda fehlt ihm, Antje erlaubt ihm nicht, ihre Tochter zu sehen.

Immer noch kein Anfall. Oder?

Ein ganzes Jahr Ruhe. Eine kleine Rente von zweiundfünfzig Mark monatlich wird ihm zugesprochen, weil er den angestrebten Beruf nicht mehr ausüben kann, nicht mehr darf, wie die Ärzte raten. Birgit zieht bei ihm ein. Arbeit am Togo-Film als Auftrag für den

WDR, zusammen mit einem Uwe, ohne dessen Fachkenntnis er nicht weit kommen würde. Alles läuft so gut, dass er sich jetzt wieder auf die Bühne traut, er macht weiter beim *Ernst Musiktheater,* obwohl er damit eigentlich unbedingt noch mindestens ein halbes Jahr warten soll.

Und dann geht es auf einmal wieder um das Aids-Stück „Dreck am Stecken", das im Jahr darauf in Weißrussland gezeigt werden soll, Belarus, eine fünfwöchige Tournee, gefördert und vermittelt vom Goethe-Institut. Lotte hat das initiiert und den Kontakt hergestellt, den Kampf um Visa ausgefochten, Lotte, die Wolfgang von der Straßenmusikszene kennt. Inzwischen arbeitet sie in einer süddeutschen Theatertruppe, hat immer Kontakt zu weißrussischen Freundinnen aus der Frauenbewegung gehalten, hat Russisch gelernt, an ihren Demonstrationen teilgenommen und wird später auch weiter die Anliegen der Freundinnen vertreten, als ihre Sprecherinnen schon verhaftet sind. Lotte kommt mit.

Wolfgang nimmt seinen alten Platz wieder ein, sie proben und im Mai 1994 schaukeln sie in einem Pritschenwagen gemeinsam nach Osten: Marie, Lotte, Winni, Wolfgang, Gila vom *Theater Strahl.* Und Birgit ist auch dabei. Im Gepäck ein paar kleine Bühnenbildelemente, Instrumente und viele, viele Pappkartons. Die Grenzer fragen nach dem Inhalt. Drogen, womöglich.

Kondome, sagt Lotte. Die Grenzer grinsen und lassen die Kartons öffnen: Alle sind tatsächlich voller Kondome, zwanzigtausend, einzeln verpackt.

Die Grenzer lassen sich erklären: Die sind für ein Theaterstück zur sexuellen Aufklärung. Die Grenzer grinsen weiter. Gila steckt jedem von ihnen Kondome in ihre Uniformen, fragt sie dabei auf Russisch, ob sie ihnen erklären soll, wie sie zu benutzen sind, oder ob sie das schon wüssten, die Grenzer grinsen weiter und lassen sie durch.

In Belarus bekommen sie zwei Übersetzer zur Seite gestellt, einen Mann und eine Frau, die mit ihnen reisen und bei jeder Aufführung simultan übersetzen. Für das Publikum sichtbar, sitzen sie am Bühnenrand und sprechen jeweils den Text des Schauspielers, der jeweiligen Schauspielerin, nach Geschlechtern getrennt. Wolfgang spielt einen Schwulen in dem Aufklärungsstück, nach dem während einer Gesprächs- und Informationsveranstaltung die mitgebrachten Kondome verteilt werden, und stößt überall unverkennbar auf eine, wenn auch eher unterschwellige, Homophobie. Er wird nicht unfreundlich behandelt, aber er spürt, dass die weißrussischen Gastgeber und Kollegen immer auf vorsichtigen Abstand zu ihm bedacht sind. Auch wer sich hier liberal gibt, meidet Wolfgang, der da gerade auf der Bühne einen Mann geküsst hat: Immerhin könnte er tatsächlich schwul sein, vielleicht ist ja Birgit, mit der er Händchen hält, nur Tarnung. Dass er wegen seiner Medikamente Alkohol meidet, die großen, vollgeschenkten Wodkagläser nicht anrührt, die man ihm hinstellt, trägt seinen Teil dazu bei: Er fühlt sich ausgegrenzt und gleichzeitig nicht selbstsicher genug, um souverän damit umzugehen. Wenn er jetzt immer wieder - für alle sichtbar - nach Birgits Hand greift, geschieht das nicht nur, um diesen Verdacht auf Homosexualität zu zerstreuen.

Einmal, in Minsk, drückt er ihre Hand ganz fest. Irgendetwas stimmt nicht in meinem Kopf, sagt er, irgendetwas ist da los. Klar, sagt Birgit, du hast 'ne Schraube locker, aber dann merkt sie, wie ernst es ihm ist: Angst vor einem neuen Anfall. Keiner von diesen Aussetzern, Absencen genannt, lediglich eine unbestimmte, dumpfe Vorahnung. Die wird so massiv, dass Birgit mit ihm ins Krankenhaus geht.

Ein alter Bau, der Putz blättert, auch innen. Während sie durch die langen Gänge irren, finden sich überall Spuren von Verwahrlosung, die Toiletten sind schmutzig und sie rechnen überhaupt nicht mit dem, was nun kommt: freundliche, zuvorkommende Krankenschwestern geleiten sie weiter, sie brauchen kaum zu warten, der Arzt nimmt sich Zeit, befasst sich gründlich mit Wolfgang und seinem Kopf, konsultiert einen Kollegen, das Blut wird auf den Medikamentenspiegel hin untersucht, der Kopf durchleuchtet. Als sie das Krankenhaus verlassen, ist Wolfgang beruhigt: Da ist nichts, alles in Ordnung.

Hat sich alles nur in meinem Kopf abgespielt, sagt er zu Birgit, und erst als sie lacht, merkt er, was er da gesagt hat.

Er greift wieder nach ihrer Hand, denn ihre Gastgeber sind in Sicht.

Homosexualität ist in Belarus erst zwei Monate zuvor endlich legalisiert worden, das Thema regt noch auf und die Spielszenen von „Dreck am Stecken" sind im besten Sinne anstößig: Sie stoßen Gespräche an. Schwulsein ist jetzt legal, aber legal heißt ja noch lange nicht normal.

Lukaschenko wird einen Monat später die Stimmenmehrheit bei der Präsidentenwahl erhalten und dann beginnen, seine Diktatur aufzubauen, wozu auch eine Art staatlich propagierte Homophobie gehören wird. Nach der Legalisierung ein gewaltiger Rückschritt.

Aber da sind sie schon wieder zu Hause.

In Elberfeld sieht er auf dem Platz vor der Laurentiuskirche, wo er in einem der Straßencafés gerade etwas bestellen möchte, eine Grundschulklasse mit ihrer Lehrerin, die den Kindern etwas erklärt und auf die beiden Kirchtürme zeigt. Da löst sich ein kleines Mädchen aus der Gruppe, ruft laut Papa und rennt auf ihn zu, in seine Arme. Da weinen sie nun gemeinsam, und als er Antje später am Telefon davon erzählt, willigt sie ein, dass die beiden ab jetzt zwei Tage in der Woche miteinander verbringen dürfen.

Wenn er auf diese Zeit zurückblickt, erinnert sich Wolfgang an keinen epileptischen Anfall, und er ist sicher: Da war kein Grand Mal mehr. Und auch keiner von diesen kleinen Aussetzern, Absencen, Abwesenheiten - Momente, die mal zehn Sekunden, auch mal zehn Minuten dauern können, in denen er abwesend, in denen er mal kurz nicht bei sich ist, mit großen Augen ins Leere schaut und auf Fragen nicht antworten kann. Nein, in dieser Zeit war er kein Epileptiker.

Doch, warst du, sagt Birgit. Natürlich hattest du Aussetzer.

Ich kann mich nicht erinnern.

Aber ich. Nicht nur kleine Aussetzer. Auch mal größere.

Wie bitte?

Weißt du nicht mehr? Das war, kurz bevor ich bei dir eingezogen bin. Du fingst auf einmal an zu stammeln, dann zu stottern, zu nuscheln und gabst schließlich nur noch Geräusche von dir. Mitten in einem Anruf. Da bin ich dann schnell hin zu deiner Wohnung und fand dich da liegen, du blutetest, hattest dir die Zunge zerbissen.

Und weiter?

Ich hab dich angesprochen, du schienst mich auch zu erkennen, wolltest was sagen, kriegtest aber kein Wort raus. Da habe ich Mike Carnap, deinen Arzt, angerufen: Ich sollte dich einfach nur schlafen lassen.

Und dann?

Hast du geschlafen.

Hatte ich noch mehr Aussetzer?

An den in der Sauna wirst du dich wohl noch erinnern.

Stimmt. Da war was.

Direkt nach einem Aufguss. Du fielst um und lagst da auf den Brettern. Aber nackend. Ich raus zu den Leuten, die da mit einem Getränk in der Hand nackt über den Rasen liefen und dampften. Da half mir dann jemand, dich auf eine Liege zu verfrachten. Es hat mehr als eine Stunde gedauert, bis du wieder sprechen konntest.

So Sachen haben dich natürlich immer für eine Zeit aus der Bahn geworfen. Aber im Grunde hättest du alles im Griff, hast du damals gesagt. Hast oft so getan, als wäre nix. Bist sogar auch immer Auto gefahren.

Ich kann mich nicht erinnern.

Nicht daran erinnern, dass du Auto gefahren bist?

Doch, daran schon. Aber nicht an diese Aussetzer.

Und weshalb warst du sonst vier Wochen in der Reha?

Wo?

In einer neurologischen Reha, in Bonn, Godeshöhe hieß das, glaube ich.

Ich war in keiner Reha.

Natürlich warst du. Und anschließend hast du dich sogar noch mit deiner Therapeutin privat getroffen, als die hier in der Gegend war. Ich bin richtig eifersüchtig geworden. Annette hieß sie.

Das sagt mir nichts. Ich kenne keine Annette.

Am nächsten Tag sucht er in Schubladen nach den alten Taschenkalendern und findet auch den von 1995. Es stimmt. Er war vier Wochen in der Reha in einer Godeshöhe. Beim Weiterblättern stößt er auch auf eine Eintragung zu dieser Annette, mit Uhrzeit. Weder ihr voller Namen noch der Name der Einrichtung lösen irgendeine Assoziation aus, da passiert nichts. Er prüft sich: wirklich nichts. Es gibt keinerlei Bilder oder Geräusche dazu in seinem Kopf, weder zu der Frau noch zu der Reha. Keine Größe, Haarfarbe, Stimme. Kein Gebäude mit hallenden Fluren und vielleicht umliegendem Kurpark, kein Patientenzimmer, keine Schlammpackungen oder ergotherapeutische Anwendungen, kein Mittagessen in der Kantine mit klapperndem Geschirr und plappernden Tischnachbarn, die er innerlich wieder herbeirufen könnte. Nichts.

Ein Loch, vier Wochen tief.

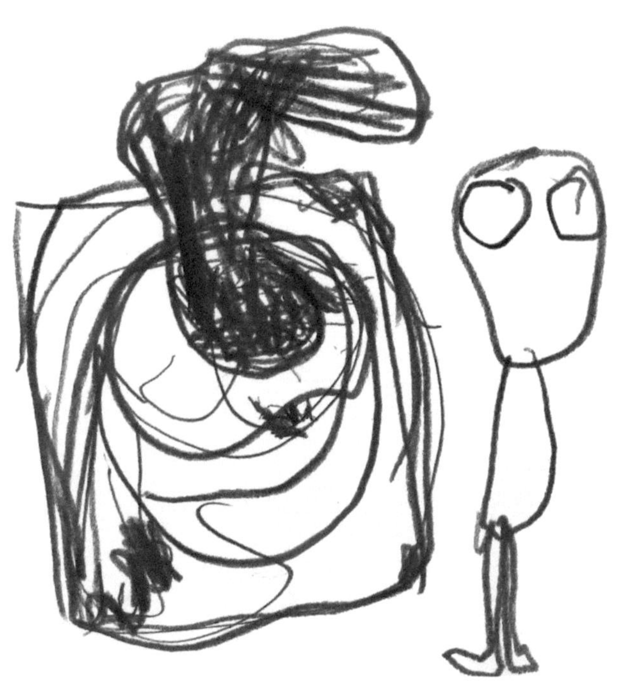

4 Es ist ein Junge!

Als Friedrich von Bodelschwingh 1872 Leiter der fünf Jahre zuvor gegründeten „Evangelischen Heil- und Pflegeanstalt für Epileptische“ bei Bielefeld wurde und sie Bethel nannte, Haus Gottes also, ging es noch nicht darum, den Patienten ein weitgehend selbstbestimmtes Leben zu ermöglichen, wie es heute in den Postulaten der Stiftung heißt. Aber kümmern musste man sich um diese armen Menschen, wenn man Christus folgen wollte. Friedrich von Bodelschwingh war gut mit dem antisemitischen Prediger Adolf Stoecker befreundet, und seine praktizierte Nächstenliebe schien mit rassistischem Gedankengut durchaus vereinbar. Auch für seinen Sohn, wie der Vater Friedrich genannt, der die Anstalten in der Nazizeit fürsorglich weiterführte, waren die Epileptiker mit ihrem bemitleidenswerten Schicksal, denen fraglos geholfen werden musste, letztlich aber auch kranke Elemente. Sie schädigten den gesunden Volkskörper. Und so hatten er und seine Ärzte gegen die verordnete Zwangssterilisation von über tausend von ihnen nicht nur nichts einzuwenden, sondern unterstützten sie nach Kräften. Erst als das Mordprogramm der Nazis, die „Ausmerzung unwerten Lebens“, seine gesamte Einrichtung bedrohte, widersetzte sich Friedrich von Bodelschwingh der Jüngere vorsichtig. Nach dem Krieg predigte er, der den Treueeid auf Hitler geleistet hatte, dass man sich als Deutscher seiner Schuld stellen müsse. Gleichzeitig aber boten seine Anstalten gesuchten Nazis Unterschlupf.

Mittlerweile heißen sie „v. Bodelschwinghsche Stiftungen Bethel“ und sind ein Unternehmen mit über zwanzigtausend Beschäftigten und einem Milliardenumsatz; das größte deutsche Epilepsiezentrum hat seinen Standort immer noch in Bielefeld.

Wolfgang hat einen Termin vereinbart, hat durch die große Anlage unterschiedlichster Gebäude zum Krankenhaus hergefunden und die übliche neurologische Eingangsuntersuchung hinter sich: Folgen Sie mit den Augen meinem Finger, gehen Sie diese Linie entlang. Seine Gehirnströme sind gemessen worden. Zwanzig Minuten lang hat man ihn dabei einem hässlichen Flackerlicht ausgesetzt, um einen Anfall zu provozieren und direkt messen zu können. Ohne Erfolg. Anders als bei vielen Epilepsiekranken wirkt es bei Wolfgang nicht. Wenn bei Konzerten vor Stroboskoplicht gewarnt wird, braucht er eigentlich nicht die Augen zu schließen, macht es aber trotzdem; er braucht eigentlich auch keine Angst davor zu haben, sich mit dem Auto auf Alleen den vorbeifliegenden Schattenbäumen und Lichtlücken auszusetzen. Bei den Römern in der Antike, die schon den Zusammenhang kannten, hätte er den Eingangstest bestanden, bei dem er durch die Speichen eines in Schwung versetzten Wagenrades ins Licht hätte schauen müssen - und wäre ein Legionär mit Epilepsie geworden.

Nach dem Flackerlicht sollte er mehrere Minuten mit geschlossenen Augen hyperventilieren, hecheln, hecheln, hecheln, dann eine kleine Pause einlegen. Er ist fast eingeschlafen und hat die Fragen, die ihm anschließend gestellt wurden, nur wie aus weiter Ferne gehört, banale Fragen, wie heißt die Hauptstadt von Frankreich, welche Farbe haben Bananen, wo geht die Sonne auf. Es hat gedauert, bis er die Antworten in seinem Kopf gefunden hat.

Jetzt wartet er im Flur vor dem Sprechzimmer von Dr. Mayer.

Ja, doch, er ist Epileptiker. Kein Grand Mal mehr seit dem ersten, aber Absencen. Und er weiß eigentlich schon, was der Arzt ihm sagen wird. Keine Trompete, ein geregeltes Leben, nicht dieses Künstlerleben, bei dem man nach den Auftritten erst um halb drei ins Bett kommt. Zur Ruhe kommen, zur Ruhe kommen.

Kommen Sie doch herein, sagt Dr. Mayer.

Bei der Frage, was er beruflich mache, schaut Wolfgang auf den Boden, auf die Auslegeware, murmelt trotzig seine Antwort und sieht Mayer schon die Augen verdrehen, hört ihn schon laut ausatmen. Macht der aber gar nicht.

Künstler? Das ist ja prima.

Wolfgang blickt auf. Dr. Mayer lächelt freundlich. Das war gar nicht ironisch, der meint das ernst.

Wenn das sein Leben ist, dieses Künstlerdasein, wenn er sich dabei wohl fühlt, dann tut es ihm auch gut, versteht er, dann soll er so weitermachen. Wenn das wirklich zu ihm gehört. Jede Nacht um halb drei ins Bett, das kann auch ein geregeltes Leben sein. Und überhaupt: Keine Trompete und keine Bühne - das garantiert gar nichts. So leicht lassen sich die Wahrscheinlichkeiten von Anfällen nicht berechnen.

Und was, wenn er auf der Bühne einen Anfall hat? Mitten in der Vorstellung? Einen kleinen, eine Absence, und er weiß plötzlich nicht weiter? Oder einen großen, einen Grand Mal, und er fällt um? Vor Publikum? Er zuckt, er zappelt, er schäumt, und alle sehen zu?

Ja, auch das. Wäre gar nicht verkehrt, wenn die Epilepsie auf diese Weise mal mehr Öffentlichkeit erhielte und aus der Tabuzone rauskäme. Was glauben Sie, wie viele Menschen mit Epilepsie ihre Krankheit verschweigen aus Angst, für verrückt erklärt zu werden, aus Angst davor, ihre Arbeit zu verlieren! Und diese Angst ist ja nicht unbegründet. Da gibt es Eltern, die bei der Einschulung die Krankheit ihrer Kinder nicht melden, weil sie dann von Gymnasien nicht aufgenommen werden. Leute werden nach einem Grand Mal mit vorgeschobenen Gründen entlassen. Epilepsie gehört geradezu auf die Bühne, damit sich da was ändert.

Wolfgang wird sie nicht loswerden, diese Epilepsie, diese Unberechenbarkeit, sie wird immer bei ihm sein. Aber er muss mit ihr leben, nicht gegen sie.

Mayer ändert die Medikation ein wenig, setzt die Dosierung etwas herab, lässt ihn sonst bleiben, was er ist. Trompeter und Epileptiker.

Ja, Trompeter.

Er hat längst wieder damit angefangen, wenn auch nur vorsichtig, erst in kleinen Portionen. Wollte er sich auf diesem Instrument wirklich vervollkommnen, müsste er täglich vier Stunden üben, dazu hat er weder Zeit noch Lust. Und er möchte auch nicht riskieren, dass der Druck im Kopf Anfälle auslöst. Außerdem hat er sich inzwischen breiter aufgestellt, spielt jetzt auch Tuba und Euphonium, obwohl man eigentlich nur auf einem Instrument wirklich virtuos sein kann. Weder als Musiker noch als Schauspieler wird er je künstlerische Perfektion erreichen, weiß er, und manchmal kratzt dieser Gedanke auch am Selbstbewusstsein. Aber dann wieder wird ihm bewusst, was für einen Luxus es bedeutet, das arbeiten zu dürfen, was ihm Freude macht.

Er soll ruhig einen öffentlichen Anfall riskieren, hat Dr. Mayer gesagt.

Molière ist 1673 sehr wirkungsvoll auf offener Bühne zusammengebrochen, mitten in einer Vorstellung, während er in seinem Stück die Hauptrolle, den eingebildeten Kranken, spielte, den Hypochonder. Und ist dann zu Hause gestorben, noch im Kostüm. Herr Doktor, der Simulant auf Zimmer 208 ist gerade verschieden.

Wolfgang und Winni sind jetzt das *Ernst Musiktheater,* nur noch zu zweit, sie heißen in ihrem neuen Stück Lutz und Norbert und sie spielen „Molière hat's schwer

- oder: Ein gebildeter Kranker“, mit selbstverfassten Dialogen, Liedern und Versatzstücken aus Molières Komödie, spielen Klarinette, Akkordeon, Trompete und Tenorhorn, spielen und singen auf Kleinkunstbühnen und in Krankenhäusern in barock anmutenden Kostümen mit Lockenperücke, Kniehosen, hochhackigen Schuhen und Spitzenmanschetten. Gesundheitsrezepte aus dem siebzehnten Jahrhundert wechseln ab mit medizinischen Ratgebern aus dem zwanzigsten, Thema und Zielrichtung Molières bleiben erhalten: Das größte Gesundheitsrisiko ist das Leben. Auch das auf der Bühne. Es geht viel um Blutdruck und Puls, um Ernährung und Verdauung, den Magen, die Lunge. Aber auch um den Kopf.

Wenn du erst einmal bei deinen psychischen Problemen bist, ist alles zu spät. Da wird dann gesucht und gestochert, da werden schlafende Hunde ausgegraben und Leichen aus dem Keller geholt. Irgendwann bist du so verstört, dass du dich nicht mehr traust, die Zeitansage anzurufen. Ist das nicht grauenhaft? So weit darfst du es niemals kommen lassen.

So weit gehen sie auch nicht. Nur bis ans Lebensende.

Norbert: *Wenn schon sterben, Lutz, dann erfolgreich! Auf der Bühne. Exitus.*
Lutz: *Norbert!*
Norbert: *Das ist doch was ganz anderes als unter so'ner blauen Operationsfunzel.*

Lutz: *Ja - nur: Das muss ich doch nicht nachmachen. Ist hier wirklich kein Arzt im Raum? Bitte, melde dich!*

Die beiden lassen Molière den Auftritt überleben, Molière darf nicht sterben. Winni auch nicht. Und Wolfgang fällt nicht um. Keine Absence auf der Bühne, nichts. Er hat noch nicht einmal Angst davor, er ist sich bei jeder Aufführung ganz sicher: Das klappt. Ich bin konzentriert, ich bin nicht gestresst, ich kann meinen Text, meine Trompete gehorcht mir aufs Wort, was soll passieren. Ich bin kein Hypochonder wie Argan, das größte Gesundheitsrisiko ist das Leben selbst und wie alle um mich herum riskiere ich es, jeden Tag. Ich falle nicht um. Manchmal stehe ich nur noch auf einem Bein, aber ich falle nicht um.

Doch auf einem Bein kann man nicht stehen. Die Einnahmen aus dem *Ernst Musiktheater* fließen reichlich, wenn das Aids-Programm „Dreck am Stecken" aufgeführt wird, bei den Eigenproduktionen wie Molière aber eher spärlich. Doch inzwischen kennt man Wolfgang in der freien Musik- und Theaterszene und er wird mal als Trompeter von Bands für Tourneen und CD-Produktionen angefragt, mal auch als Regisseur für kleinere Projekte. Rainer, der ebenfalls bei *Fortschrott* mitgespielt hat, erzählt ihm von der Idee einer Liebesgeschichte zwischen den Wuppertaler Stadtteilen Barmen und Elberfeld. Der Elberfelder Rainer spielt den männlichen, die Barmer Sängerin Dörte den weiblichen Part, und Wolfgang übernimmt die Regie: Wuppertaler Lokalkolorit mit Rockband als ein Volkstheater, das als Serie geplant wird, als *Bergische Seifenoper.*

Es erweist sich als Dauerbrenner, fünf Jahre lang müssen immer wieder neue Folgen mit neuen Songs geschrieben und inszeniert werden, stadtbekannte Größen treten als Gäste auf, alle Vorstellungen sind immer schnell ausverkauft, füllen große Säle. Ganz so brotlos, wie die Eltern befürchtet hatten, ist die Kunst nicht. Und dann fragt auch noch das Bremer *theatre du pain* an.

In der *Bergischen Seifenoper* gehen Dörte als Besitzerin eines Nagelstudios und Rainer als Fensterputzer ihre Probleme mit viel Herz an und etwas, das als „gesunder Menschenverstand“ auf zustimmendes Nicken im Publikum setzt. Die Produktion verwendet eingängige, bekannte Melodien für Mitsing-Texte und zielsichere Gags, kann sich also des Applauses sicher sein. Das *theatre du pain* ist das komplette Gegenteil.

Am Anfang war das Wort. Aber welches?

Wolfgang und Hans König schieben, stützen, tragen einen stöhnenden, wimmernden, entsetzlich schwitzenden Mateng Pollkläsener über die Bühne, legen ihn vorsichtig auf einem bereitgestellten Stuhl ab. Mateng heult, schreit, hält sich den unter seinem Hausmeisterkittel geblähten Bauch, und das Publikum begreift: Der Mann ist schwanger. Seine beiden Mitspieler helfen dem Gebärenden nach Kräften, tupfen ihm die Stirn, legen ihm die Hand auf, feuern ihn an und packen schließlich selbst zu, greifen unter den Kittel und ziehen und ziehen und ziehen und ... halten triumphierend ein großes Stück rohes Fleisch in den Händen, pieksen es an einen mächtigen Fleischerhaken und hieven es mit einem Strick in die Höhe, tanzen um die völlig erschöpfte Mutter Mateng und die jetzt darüber schwebende Ausgeburt und singen:

Es ist ein Zunge, es ist ein Zunge!

Am Anfang war das Wort. Aber welches. Die gerettete Kälberzunge. Und man denkt gleich auch an obligatorische Madeirasoße. Das *theatre du pain* rettet Wörter und zerstört die Zusammenhänge, in denen sie sich gerade noch befunden haben, verbindet erkenntnistheoretische Sentenzen in vollendeter Syntax mit Stammeln und Rülpsen, besingt mehrstimmig die Eisenbahnrelativität eines Einstein und das Nacktfoto einer Elke, lässt auf der Bühne Fische rauchen und Socken qualmen und das Publikum bricht in ein Lachen aus, das oft auch etwas Hilfloses hat: Worüber lache ich hier eigentlich und warum? Und wo ist der gesunde Menschenverstand geblieben?

Als Hans und Mateng Wolfgang fragen, ob er mitspielen möchte, gibt es das *theatre du pain* schon fünfzehn Jahre, gerade ist es um einen Mitspieler geschrumpft und will sich neu aufstellen. Es hat Radio- und Fernsehauftritte gehabt, Preise gewonnen und ist als Dada-Theater so bekannt in der Szene, dass die Anfrage Wolfgang trifft wie ein Ritterschlag. Ein Angebot, das man nicht ablehnen kann. Dass er jetzt immer wieder zum Proben den Zug von Wuppertal nach Bremen nehmen muss, stört ihn nicht. Und es funktioniert. Er fügt sich mit Horn, Trompete und Tuba wunderbar ein in das Geschehen, genießt die Proben, bei denen Hans' Texte szenisch umgesetzt werden, genießt die Auftritte auf kleinen und großen Bühnen, auf den Festivals in ganz Deutschland. Wenn die drei eine Gehirnoperation spielen, bei der eine laut wimmernde Bohrmaschine zum Einsatz kommt, denkt Wolfgang auch mal an die eigene OP zurück, an die Schrauben, die mit demselben Geräusch in seine Schädeldecke eingedrungen sind, aber dieses kurze Aufblitzen aus Charlottesville beeinträchtigt nicht seine Bühnenpräsenz. Er ist voll da, er patzt nicht, er fällt immer noch nicht um. Zusammen mit Hans mimt er ein Stochern und Rühren in Matengs Hirnmasse, der immer wieder neu darauf reagiert, zusammenhanglos Banales und Philosophisches aus den Tiefen seines Bewusstseins ausscheidet, und das Publikum brüllt vor Lachen.

Die Bühne, nein, man sagt: Lounge, eines Kreuzfahrtschiffes ist einer der ganz wenigen Orte, wohin das *theatre du pain* nun einmal wirklich überhaupt nicht gehört. Auf keinen Fall. Man kann sich Auftritte vorstellen in Wohnzimmern und Fabriken, Waldlichtungen, Krankenhäusern, Einkaufszentren, Museen, Bibliotheken, in Turnhallen und auf Fußballplätzen. In Kirchen sogar, vielleicht auch auf Friedhöfen. Aber auf einem Kreuzfahrtschiff?

Im August 2000 ist die Jungfernfahrt der *MS Lummerland* gerade erst ein Jahr her, alles scheint, klingt und riecht noch fast neu an Bord. Fünf Sterne, nein, mehr noch: „Fünf Sterne plus", überbordender Luxus also. Mit ihren fast zweihundert Metern Länge ist sie ein eher kleines Exemplar, auf dem sich eine Besatzung von 275 Personen vortrefflich um 400 vortrefflich zahlende Passagiere kümmert. Auf der großen Polarreise via Island nach Spitzbergen überquert es den Polarkreis, da wird man getauft wie am Äquator, und die drei vom *theatre du pain* heißen jetzt Goldbarsch, Grundstößling und Heilbutter.

Als der Anruf kam, wollten sie es zunächst gar nicht glauben. Eine Bremer Angestellte der Reederei bietet an: Headliner auf der *MS Lummerland,* zwei Auftritte in der Grand Lounge, wo nur die ganz Großen des Showgeschäfts beklatscht werden. Wie ist man auf sie gekommen? Man will sich umstellen, sagt sie, das Kreuzfahrt-Publikum wird zu alt. Deshalb jetzt mal nicht Udo Jürgens oder Paul Kuhn, sondern die *Supremes* und das *theatre du pain,* das die Frau aus Bremen vielleicht aus lokalpatriotischer Neigung engagiert hat. Als Gage erhalten sie außer dem Passagierstatus, für den man sonst sechzehntausend Mark hinblättern muss, noch jeder einen Tausender obendrauf.

Offenbar hat man sich gewaltig vertan. Die *Supremes,* die hier zu einem Konzert per Hubschrauber an Bord gebracht werden sollen, sind auch ohne Diana Ross wunderbar, die werden die Leute mögen. Schon allein wegen ihrer Bekanntheit. Und wenn sie dann noch was zu lachen haben mit so einer Kabarettgruppe: umso besser.

Aber sie lachen gar nicht.

Vielleicht liegt es daran. Wolfgang soll bei einer Nummer Keyboard spielen, ein Instrument, das ihm nicht vertraut ist. Er soll nur einige Akkorde drücken, findet sie auch auf der Tastatur, aber verharrt plötzlich bei a-moll. Sieht ausdruckslos ins Publikum und lässt den Akkord stehen, in einem leichten Vibrato schwirren die drei Noten viel zu lange, Hans und Mateng sehen sich an, sehen ihn an - und merken, dass er nicht reagiert auf ihre Blicke. Eine Absence, die erste, an die er sich später erinnert. Er hört den Akkord, der in seinem Kopf anzuschwellen scheint, er sieht die beiden, sieht das Publikum, weiß aber überhaupt nicht, was er hier soll. Und wie es jetzt weitergeht. Alles weg.

Eigentlich wissen Hans und Mateng auch nicht so recht, was sie hier sollen. Irgendwie schaffen sie es dann, das Loch zu überbrücken, bis Wolfgang genau so plötzlich zurückkehrt, wie er ausgeknipst wurde. Keine Reaktion in der Grand Lounge. Der Aussetzer gehört wohl zum Programm, ist ja genau so unverständlich wie alles andere.

Südlich von der Insel Jan Mayen, zwischen Island und Spitzbergen, scheint sich das Publikum in jenen riesigen Eisberg verwandelt zu haben, dem kein Kreuzfahrtschiff begegnen möchte. Das Titanic-Trio läuft auf und sinkt. Eisige Gesichter, eisige Stille. Kein Applaus.

Stattdessen Kopfschütteln, etliche Zuschauer verlassen schon nach der ersten Nummer die Lounge, zuerst nur ein paar wütende Ausrufe, dann immer mehr. Skandal! Nur einige wenige Zuschauer bleiben, einer von ihnen stellt sich am nächsten Tag, als sie ihm im Lift begegnen, als einer der reichsten Männer Deutschlands heraus. Geschmackssache, sagt er. Ihm habe es gefallen. Aber er ist schon fast der Einzige.

Backstage herrscht nach dem Auftritt einen Moment lang Stille. Keine eisige, eher eine dumpfe Stille. Das haben sie noch nie erlebt.

Die verstehen einfach keinen Spaß.

Der Spaß, den sie nicht sofort verstehen, ist für sie kein Spaß.

Spießer. Die kennen nur Spießer-Spaß. Man sollte noch einen Spaßer-Spieß draufsetzen.

Wenn sie nicht verstehen, worüber sie eigentlich lachen müssten, verkneifen sie es sich. Und dann kommen sie sich verarscht vor und werden sauer. Wir sind denen zu intellektuell.

Was sind wir? Intellektuell? Sag das noch mal ...

Die Managerin kommt herein und versucht gar nicht erst, irgendwelche Wogen zu glätten. Von Wogen kann man hier sowieso nicht reden. Eher stille See. Dumpfe Stille. Die Frau aber ist so aufgebracht, völlig außer sich, eine Furie, dass sie es jetzt sind, die sich ein Lachen verkneifen.

Wie können Sie nur! Was für ein Programm war das denn? Was haben Sie sich nur dabei gedacht!

Dabei hatten sie es schon entschärft. Keine Gehirnoperation, keine Kettensäge, und mit Wasser haben sie auch nicht gespritzt.

Die Leute haben das als reine Zumutung empfunden! Das wars, für Sie ist es jetzt vorbei! Kein weiterer Auftritt in der Grand Lounge, nur noch im kleinen Saal!

Dann lieber gar nicht, sagen sie, schließlich stand es so im Vertrag.

Und so bleiben sie bis zum Ende der Fahrt unter den Stinkreichen, Neureichen, Großreichen, Königreichen und Vielzureichen, versuchen sich wohlzufühlen in ihren Luxuskabinen, der Suite mit dem begehbaren Kleiderschrank, in der Sauna, im Pool, beim Genuss erlesener Speisen und Getränke, aber es gelingt nicht so recht. Die anderen Musiker an Bord wie die Barpianisten, die Sängerinnen und Jazzer, haben - ohne Passagierstatus - die kleineren Kabinen unten im Schiffsrumpf bezogen und bekommen einfacheres Essen. Da stehen einem die Privilegien dann im Weg. Und bei den Passagieren haben sich die drei mit ihrem Auftritt unbeliebt gemacht. Man tut ihnen nichts, sie werden nicht kielgeholt und müssen auch nicht das Deck schrubben, aber am üppigen Buffet ernten sie außer den leckeren Luxushäppchen jede Menge schräge und böse Blicke. Manchmal noch blöde Bemerkungen, die sie gerne beantworten würden, aber die, die sie machen, drehen sich immer gleich weg.

Einer nicht. Ein Möbelgroßhändler aus Hamburg. Er kann sich nicht wegdrehen, denn sie sitzen im selben Boot, das die Passagiere auf die Insel Jan Mayen bringt, sitzen sich gegenüber, und als er auf seine Bemerkung die passende Antwort erhält, poltert er, sie gehörten über Bord geworfen.

Auf der Insel bereitet die Crew ein üppiges Abendessen vor, draußen einzunehmen. Vorher solle man sich umsehen, erklärt ein Ranger, der mit Fernglas und Flinte für ihre Sicherheit sorgt, immerhin könnten sich Eisbären nähern. Aber bitte auf keinen Fall die Wege verlassen, die seltenen Pflanzenarten hier hätten Jahrhunderte gebraucht, um sich dem Klima anzupassen. Das scheint den Möbelhändler und die anderen Landgänger nicht zu interessieren, sie stapfen einfach drauflos und scheren sich nicht um Ermahnungen, trampeln alles platt. Goldbarsch, Grundstößling und Heilbutter werden angegiftet, sobald sie sich Bemerkungen dazu erlauben, und der Ranger schüttelt resigniert den Kopf. Das Trio verzichtet auf das Abendessen und geht wieder zurück an Bord.

Hoher Seegang. Vom Deck beobachten sie später, wie die Crew alles, was sie an Land gebracht hat, wieder an Deck zu hieven versucht, welche Mühen es kostet, wie immer der passende Moment abgewartet werden muss, wenn die See das Boot hoch genug hebt, damit der Zugang erreicht werden kann, wie Hände danebenpacken, Stewards ausrutschen, sich gerade noch irgendwo festhalten können.

Am nächsten Morgen versorgt einer der Stewards das Frühstücksbuffet, Pflaster an Händen, am Kopf. Der Möbelhändler bellt gleich los: So dürfe das Personal, das ihn bedient, nicht aussehen. Unmöglich! Da soll doch gefälligst ganz schnell jemand anders ... und sofort wird seinem Wunsch stattgegeben. Wolfgang hat die Szene beobachtet und fragt sich, ob er diesem Menschen wohl einen Rettungsring zuwerfen würde, wenn der mal über Bord ginge. Vielleicht nicht, vielleicht würde er Hilferufe ignorieren, sich einfach umdrehen? Dann erschrickt er über solche Gedanken.

Zur bereits am Nachmittag erwarteten Eisgrenze im Norden, zum Höhepunkt der Kreuzfahrt also, gelangt die *MS Lummerland* erst in der Nacht. Sie wandert, diese Grenze, das Eis schmilzt, man müsse sehr langsam und vorsichtig durchnavigieren, hat der Kapitän die stündlich sich ändernde Ankunftszeit erklärt. Als es endlich so weit ist und das Schiff vor der sich auftürmenden, von Bordscheinwerfern angestrahlten Eiswand im Kreis bewegt wird, damit es nicht festfriert, sind nur Künstler und Crew Zeugen des Schauspiels. Den Passagieren ist es zu spät geworden.

Die drei bleiben jetzt lieber unter sich. Nur die *Supremes* trinken Whisky mit ihnen an der Bar. Bei ihrem höflich beklatschten Auftritt haben sich Leute im Publikum befremdet darüber geäußert, dass da ja tatsächlich „Neger“ auf der Bühne seien. Doch das haben sie auf der Bühne nicht gehört. Und die drei, die auch mit im Publikum saßen, erzählen es ihnen nicht. Dann kommt auch schon der Hubschrauber und holt die Künstlerinnen von Bord. Am liebsten wäre man mit ihnen geflogen.

Der Reinfall auf der *MS Lummerland* lässt sich leichter verkraften als die Absence. Eigentlich geht es Wolfgang gut mit dem *theatre du pain*. Hier darf er nicht nur vermeintlichen Blödsinn reden, mit Wasser spritzen, im Matsch wühlen - einfach alles ist erlaubt, man darf sich mit Mehl bewerfen, prügeln und küssen, man verstößt gegen das, was guter Geschmack und gesunder Menschenverstand erlauben, wie in der improvisierten Musik geht er an musikalische, aber auch an körperliche Grenzen. Doch er ist noch nicht richtig angekommen, noch ersetzt er einen ausgefallenen Mitspieler, noch sind es nicht seine Nummern, die er spielt. Und das Keyboard ist nicht sein Instrument. Auf diese Unsicherheit lässt sich die Absence zurückführen.

Vielleicht auch auf etwas anderes. Birgit hat ihm vor der Tour beim Abschied, als sie ihn zum Hafen gebracht hat, nach leichtem Zögern gesagt, dass sie jetzt eine Auszeit brauche. Sie sei sich nicht mehr sicher, ob sie weitermachen wolle mit ihm. Hats gesagt, ihm dann gewunken, als er aufs Schiff gestiegen und festen Boden verlassen hat.

Unsicherheit, Hilflosigkeit: Das scheint die beste Voraussetzung für solch eine Absence zu sein. Wenn es so einfach wäre, denkt er. Ihn haben auch schon mal Absencen ohne Anlass überfallen. Man kann sich auf nichts mehr verlassen.

Doch seine Mitspieler müssen sich auf ihn verlassen können.

War nicht so schlimm, dein Anfall, beschwichtigen sie, im Gegenteil: Da mussten wir improvisieren und waren mal richtig gefordert. Sie wissen, was los ist mit ihm und was da in seinem Kopf die Transportwege zeitweise zu verstopfen droht. Und Wolfgang ist es wieder neu bewusst geworden - er hatte es mittlerweile fast vergessen.

Nein, nicht vergessen: Er hat schon immer mal wieder daran gedacht. Aber wie an etwas ganz Fernes, nicht in seiner unmittelbaren Nähe, nicht in seinem Kopf.

Er ist froh, als er wieder festen Boden unter den Füßen hat. Und Birgit bleibt bei ihm.

Amanda ist inzwischen sechzehn Jahre alt und möchte eine Zeit bei ihrem Papa wohnen, Birgit ist einverstanden, und so haben die beiden jetzt ein Teenie um sich, das sich in den Haushalt mit einbringt, kocht und wäscht und sich bei den Hausaufgaben nicht mehr helfen lassen möchte. Als Wolfgangs Mutter zu Besuch kommt, begrüßt Amanda sie kalt und verlässt den Raum. Amanda weiß, was sie nicht will. Und was sie will, auch beruflich. Aber erst noch Abitur. Und sie weiß, dass ihr Papa manchmal plötzlich nicht mehr da ist, obwohl er ihr gerade gegenübersitzt und Unverständliches murmelt, weiß auch, wie sie sich verhalten muss, falls er umfällt, falls er krampft: Ruhe bewahren, alles beiseiteräumen, womit er sich verletzen könnte. Nein, nichts in den Mund stopfen, um die Zunge zu schützen, die er sich zerbeißen könnte, bloß nicht, aber ihm vielleicht ein Kissen unterlegen, bei ihm bleiben, auf die Uhr schauen um festzuhalten, wie lange der Anfall dauert. Und erst wenn er nach fünf Minuten gar nicht mehr aufzuhören scheint, einen Arzt rufen. Sie hat eben einen Papa mit einem Defekt.

Eigentlich hat Gabi dasselbe. Auch bei ihr droht ein Blutstopfen, ein Aneurysma, und einmal ist es schon geplatzt. Sie konnte gerettet werden, wurde aber dann für Jahre krankgeschrieben. Keine epileptischen Anfälle, nur diese permanente Bedrohung. Gabi ist Winnis Frau.

Neben dem *theatre du pain* und der *Bergischen Seifenoper,* diesem Kontrastprogramm, läuft für Wolfgang auch noch das *Ernst Musiktheater* weiter, auf einem Bein kann der Künstler nicht stehen, es sollten schon so etwa drei oder vier sein. Die Zusammenarbeit mit Winni funktioniert wie gewohnt, vertraute Abläufe stecken den Rahmen ab für Kreatives, Wolfgang fühlt sich wohl und sicher. Aber dann platzt Gabis Aneurysma erneut. Winni findet sie wie leblos im Garten. Sie liegt wochenlang im Koma, gilt schließlich als hirntot, und die Frage, ob ihre Organe gespendet werden sollen, steht im Raum. Winni kann sich noch nicht dazu entscheiden. Die Ärzte im Krankenhaus setzen einen Termin fest, wollen anschließend die Maschinen, die Gabi noch am Leben halten, abschalten.

An diesem Tag sind sie an ihrem Bett: Winni, Wolfgang, Birgit und Gabis Bruder, er ist selbst Arzt und möchte Winni klarmachen, was eine Organspende für ihn, Winni, bedeutet: Man fährt sie raus und zerlegt sie, und wenn sie wieder hereingebracht wird, ist sie tot. Jetzt kann er noch ihre Hand halten, während sie auf die Reise geht. Im anderen Fall ist das nicht mehr möglich. Wolfgang und Birgit lassen die beiden allein, möchten und dürfen sich hier nicht einbringen, gehen in den Garten des Krankenhauses, wo sie den Anruf erhalten: Gerade ist Gabi gestorben, hat den Männern die Entscheidung aus der Hand genommen.

Im selben Jahr stirbt Peter Kowald in New York.

Zwei Tage vorher hat er noch mit Wolfgang telefoniert: Endlich habe er erreicht, was er schon immer wollte. Er spiele ja schon lange mit seinen amerikanischen Kollegen in New York, zufällig alle schwarz, und er, Peter, als einziger Weißer. Aber die gemeinsamen Konzerte sind immer nur auf seine, Peters Initiative hin zustande gekommen. Obwohl sie sich längst angefreundet haben und er jetzt auch wieder bei einem von ihnen wohne, habe er bisher immer das Gefühl gehabt, er stünde da als Weißer abseits, gehöre nicht ganz dazu. Jetzt aber haben sie ihn zum ersten Mal angerufen und gebeten, mit ihnen zu spielen. Er gehört zu ihnen.

Nach dem Auftritt hat er seinen Freunden gesagt, er fühle sich nicht so besonders, lege sich schon mal ins Bett. Und ist liegen geblieben. Achtundfünfzig ist er.

Da bricht etwas weg.

Bei der Beerdigung in Wuppertal, auf dem Unterbarmer Friedhof, stehen außer Peters Familie noch ein paar Freunde aus dem Haus, Pina Bausch und einige Musiker am Grab. Wolfgang ist einer von ihnen und spielt einige Sequenzen auf Peters Alphorn. Als er dann hinabblickt, eine kleine Schaufel Erde auf den Sarg rieseln lässt, ist ihm kurz, als verliere er den Boden unter den Füßen. Aber es wird kein Anfall daraus, der Moment geht vorbei.

Doch nun häufen sich die Absencen. Immer wieder mal eine. Erst fühlt er häufig das, was Aura genannt wird, eine Art Vorahnung, ähnlich dem, was er an Peters Grab empfunden hat, ein schwer zu beschreibendes Gefühl von Weite, von Ausdehnung, nicht mal unangenehm. Der Epileptiker Dostojewski lässt es von seiner Romanfigur, dem Fürst Myschkin, in „Der Idiot" so beschreiben:

Diese Augenblicke, so kurz sie sind, wo ich ein so extremes Bewusstsein meiner selbst und infolgedessen mehr Leben als zu anderen Zeiten empfinde, verdanke ich einzig der Krankheit - dem plötzlichen Zerbrechen der normalen Bedingungen ... was macht es da aus, ob es nur Krankheit, eine anormale Anspannung des Gehirns ist, wenn doch, sobald ich mir diesen Augenblick ins Gedächtnis rufe und ihn analysiere, er mir als ein Moment von höchster Harmonie und Schönheit erscheint - ein Augenblick tiefsten Fühlens, überströmend von unbändiger Freude und Hingerissenheit, ekstatischer Demut und vollstem Leben.

So berauscht würde Wolfgang es nicht formulieren. Aber, immerhin, es gibt einen kleinen Schimmer davon auch bei ihm. Und darauf folgt dann der Anfall. Kein Grand Mal, er fällt nicht um, aber er fühlt sich kurzzeitig wie ausgeknipst. Vielleicht hat er etliche kleine Absencen gehabt, die er einfach nur nicht als solche wahrgenommen hat, ist durch Gabi, durch Peter sensibler geworden für alles, was da in seinem Kopf geschieht.

Und Peter ist auch in seinem Kopf, erscheint in seinen Träumen, immer wieder, ganz real, Wolfgang hört ihn, den Toten, sprechen, kann ihm Fragen stellen und erhält auch zufriedenstellende Antworten: Nein, er wolle nicht mehr zurück in seine Wohnung, er lebe da unten am Wupperufer ganz gut, bei Regen unter einer Brücke.

Da ist viel los in seinem Kopf.

Eigentlich hat er gar keine Zeit, über so etwas nachzudenken. Mit Winni geht es erst einmal nicht weiter, das *Ernst Musiktheater* ist mit Gabi gestorben. Doch auf einem Bein kann man nicht stehen, und Wolfgang hat jetzt gleich fünf oder sieben oder noch mehr. Das *theatre du pain* hat im Jahr über fünfzig Auftritte in ganz Deutschland, bei der *Bergischen Seifenoper* ist der Publikumsmagnet Dörte ausgestiegen, aber es muss irgendwie weitergehen, die *Fortschrott*-Gruppe wird wiederbelebt, immer öfter gibt es auch kleinere Projekte wie Regiearbeiten im Kindertheater, die Moderation der Public-Viewing-Show im Weltmeisterschaftsjahr in Wuppertal und einer Heimat- und Spielshow in Bremen, er kommt nicht zur Ruhe, reist ständig hin und her und fragt sich unterwegs, was mit Birgit los ist, die sich immer weiter von ihm entfernt. Da geht allmählich was verloren, spürt er, und es lässt sich nicht aufhalten. Die Verlustangst paart sich mit den Augenblicken auf der Bühne, in denen er eine aufkommende Absence fürchtet. Und auch wenn sie nicht eintritt: Die Souveränität, die sichere Bühnenpräsenz schwindet.

Seine Verunsicherung wird auch für andere spürbar, und als er das merkt, wird es noch schlimmer.

Das geht nicht mehr so weiter, er muss was tun. Jedes Jahr einmal nach Bethel, das reicht nicht. Seit über drei Jahren hat er dort einen anderen Arzt. Wolfgang ist gar nicht unzufrieden mit dem Nachfolger von Dr. Mayer, hat auch zu diesem Vertrauen gefasst, möchte jetzt aber gerne die unaufgeregte Stimme von Mayer hören, vielleicht kann sie ihn beruhigen, vielleicht hat der auch eine Idee. Im Internet findet er ihn.

Kleinwachau ist das kleinere Bethel in Sachsen, mit einer vergleichbaren Geschichte, auch Ende des 19. Jahrhunderts als Einrichtung der evangelischen Kirche für Fallsuchtkranke gegründet, konnte allerdings in der Nazizeit nicht eigenständig weiterbestehen, sondern wurde beschlagnahmt; Lastwagen brachten die Patienten zu den Orten, wo sie unbemerkt von der Öffentlichkeit ermordet werden konnten. Deutlich kleiner als Bethel bei Bielefeld, besteht Kleinwachau aber immerhin aus über zwanzig Gebäuden mit Krankenbetten, Wohn-, Ausbildungs- und Werkstattplätzen für Patienten, einem Beratungszentrum und der Fachklinik für Epilepsie, die Dr. Mayer inzwischen leitet. Wolfgang wählt die Nummer und hat die Sekretärin am Telefon. Er will eigentlich nur wissen, wie und wann er den Arzt erreichen kann, aber sie stellt gleich zu ihm durch.

Sechs Jahre haben die beiden sich immer wieder mal gesehen, allerdings nur einmal im Jahr für ein Stündchen, und das letzte Mal liegt schon drei Jahre zurück, Wolfgang erwartet nicht, dass sein Name, mit dem er sich jetzt meldet, dem Arzt noch etwas sagt.

Ach, sieh mal an, ruft Dr. Mayer. Was macht die Kunst? Und die Trompete? Haben Sie genügend Auftritte? Und was kann ich für Sie tun?

PSYCHOGENE ANFÄLLE

Dr. Martin Finzel
Abteilungsarzt für Psychosomatische Epileptologie
in Kleinwachau

Als Arzt für Neurologie und für Psychiatrie und Psychotherapie nehme ich eine berufliche Rolle ein, die meinem Handeln einen Rahmen gibt. Sie lässt mir aber auch Spielräume, in denen ich mich bewegen kann.

Meine Patient:innen kommen zu mir für die Behandlung ihrer Anfallserkrankung. In unserer Begegnung nehmen sie also auch eine Rolle ein. Diese wird bestimmt durch die Erkrankung und durch den Auftrag, den sie uns geben. Sie wird aber auch gestaltet durch den Rahmen, den wir auf unserer Klinikstation vorgeben. Wir versuchen so zu arbeiten, dass es in diesen Rollen Freiheiten gibt, und möchten miteinander schauen, wo Bewegung möglich ist. Es geht also nicht nur um eine medizinische Behandlung, sondern im Idealfall um eine Genesung oder wenigstens um einen heilsamen Prozess mit einer Wirkung auf Lebenshaltung und Lebensgestaltung. Dies erläutere ich im Folgenden etwas näher.

Die Station, auf der ich mit meinem Team arbeite, nennen wir psychosomatische Epileptologie. Wir behandeln Patient:innen mit Epilepsien und mit psychogenen Anfällen.

Menschen mit Epilepsie leben mit einer Erkrankung, die ihr Leben in unterschiedlichem Maße einschränkt. Patient:innen, die zu uns stationär kommen, haben meist eine schwer behandelbare Epilepsie und die Lebenseinschränkung ist erheblich.

Epileptische Anfälle sind eine plötzliche, unerwartete und unwillkommene Unterbrechung des bewusst gestalteten und selbstbestimmten Lebens. Zur Philosophie unserer westlichen Kultur gehört der Glaube, dass wir unser Leben zu einem großen Teil selber bestimmen können, dass wir „das Steuer unseres Lebensschiffs" in der Hand haben. Epileptische Anfälle führen zu einem plötzlichen Verlust dieser Position am Steuer. Dies allein ist schon kränkend und angstmachend. Dazu kommen die Risiken durch den Anfall: Verletzungen durch Stürze, Anfallsserien und sogenannte Status epileptici mit der Notwendigkeit des medizinischen Eingreifens. Bei schweren Anfällen ist auch das Anfallsereignis selbst körperlich so belastend, dass es ein Risiko darstellen kann.

Darüber hinaus haben Anfälle soziale Folgen in der Öffentlichkeit, im Privaten und im Berufsleben. Fremde Menschen reagieren teils mit Unverständnis und Ausgrenzung, Angehörige nicht selten mit Überfürsorge.

Schließlich kann die Erkrankung und ihre Behandlung zu Einschränkungen im Denken führen, zum Beispiel sind das Schwierigkeiten mit dem Gedächtnis, eine Verlangsamung oder eine Verkürzung der Aufmerksamkeitsspanne.

Und nicht selten kommt es durch die Erkrankung und ihre Auswirkungen zu seelischen Folgeerscheinungen, wie dem Verlust von Lebensmut und Lebensenergie (Depressionen) oder Angsterkrankungen.

Patienten mit psychogenen Anfällen haben Anfallsereignisse, die ebenfalls die Bewusstheit und Handlungsfähigkeit unterbrechen, aber keine mit unseren Methoden erfassbare und messbare körperliche, sondern nach unserer Sprachregelung eine seelische Ursache haben. So formuliert klingt es nach einer Trennung von Leib und Seele, doch wir sollten bedenken, dass beide, „körperliche" und „seelische" Erkrankungen im selben Organismus stattfinden und dass Denken, Fühlen und Körper überhaupt in einem unauflösbaren Zusammenhang stehen. Oft haben diese Menschen seelische Traumata erlebt, nicht selten schon als Kinder und Jugendliche in der Familie, in der sie groß geworden sind. Dies kann emotionale Vernachlässigung sein, aber auch konkrete körperliche - und nicht selten auch sexualisierte - Gewalt. Sehr vereinfacht scheint es dann so zu sein, dass unerträgliche Erinnerungen und Probleme in der Regulation von Emotionen zu einer Überflutung und unaushaltbaren Anspannung führen. Der Anfall ist dann wie ein unbewusst genommener Ausweg oder wie ein vorübergehendes Ausschalten dieser Gefühlszustände.

Nicht selten vergeht bei diesen Menschen eine lange Zeit, bis die Diagnose gestellt wird. Oft ist es für die Betroffenen auch schwierig, die Diagnose zu verstehen, dass also trotz der Symptome körperlich „alles ok" ist, wir jedenfalls mit den heutigen Möglichkeiten nichts messen können, was im Gehirn „nicht funktioniert", und dass Medikamente alleine nicht gut helfen.

Psychotherapeutisches Arbeiten hilft in vielen Fällen, kann aber ein schmerzhafter Prozess sein, da er meist einhergeht mit einer Auseinandersetzung mit schlimmen Erinnerungen und negativen Gefühlen wie Angst, Wut oder Scham, bevor das Leiden nachlässt und die Anfälle dann nicht mehr „gebraucht" werden.

Eine Behandlung auf unserer Station ist nur sinnvoll, wenn sich unsere Patient:innen nicht nur eine somatische Behandlung mit Diagnostik und Therapieoptimierung wünschen, sondern auch Hilfe und Anregungen im Umgang mit ihrer Erkrankung und in der beeinträchtigten Lebenssituation.

Psychosomatik bedeutet in diesem Sinne, dass wir unseren Patient:innen „ganzheitlich" zu sehen versuchen:

- Er ist für uns eine Person mit einem medizinischen Anliegen, mit einer körperlichen und ggf. auch einer psychischen Erkrankung.
- Eine andere Sichtweise ist dann die auf eine Person, die das Steuer auf dem Schiff ihres Lebens selbst in der Hand haben möchte.

Dazu gehören eine Denkweise, eine emotionale Verfassung und auch ein Narrativ, das heißt die Befähigung, das eigene Leben in einem Sinnzusammenhang zu sehen. All das sind Voraussetzungen für eine solche Verantwortungsübernahme.

Ich möchte versuchen, dies etwas konkreter zu machen, auch auf die Gefahr hin, manches von dem Gesagten nochmals zu wiederholen.

Viele unserer Patient:innen mit Epilepsien haben, oft auch im Zusammenhang mit ihrer Erkrankung, traumatische Erfahrungen in ihrem Leben gemacht. Den meisten fällt es schwer, ihr Leiden anzunehmen oder gar in einem Sinnzusammenhang zu sehen. Dies wirkt sich auf ihr ganzes Leben und dessen Bewertung aus.

Psychotherapie kann dann konkret bedeuten, an der Bewältigung von Ängsten und von Traumata zu arbeiten. Es kann aber auch in einem weiter verstandenen Sinn heißen, wieder Mut zu einem „Trotz alledem" zu bekommen. Oft ist das erste Voraussetzung für Letzteres.

Bei manchen Patient:innen bieten sich auch konkrete Möglichkeiten, durch Stressbewältigung und Spannungsregulation sowie durch Strategien beim Auftreten von Vorgefühlen, die Zahl und Stärke der Anfälle zu verringern.

Bei Menschen mit dissoziativen Anfällen sind traumatische Erfahrungen, wie wir oben gesehen haben, oft Grundlage der Erkrankung.

Psychotherapie wird dann bedeuten, Lebensereignisse aufzuarbeiten, die so angstbesetzt, schmerzhaft und/oder schamhaft sind, dass sie einer Entwicklung der Persönlichkeit entgegenstehen. Gelingt es, zu solchen Lebensstationen eine andere Haltung zu finden, etwa eine von Trauer und Selbstmitgefühl, so kann dies die Erlaubnis freigeben, sich weiterentwickeln zu dürfen, auch wenn das Umfeld einem heute nicht mehr vollständig das gibt, was man früher gebraucht hätte und nicht bekommen hat.

Wir arbeiten multidisziplinär, das heißt wir ermöglichen unseren Patient:innen eine Begegnung mit Menschen verschiedener Berufsgruppen und Rollen, mit Ärzt:innen, Psycholog:innen, Psychotherapeut:innen, Ergotherapeut:innen,

Gestaltungstherapeut:innen, Physiotherapeut:innen und Mitarbeiter:innen des Pflegeteams, die selbst zum größten Teil auch therapeutische Aufgaben haben. Gleichzeitig stimmen wir uns als Team aufeinander ab, damit unsere Patient:innen strukturiert an ihren Entwicklungszielen arbeiten können.

In jedem Kontakt liegt die Chance einer persönlichen Begegnung, die auf Denken, emotionales Erleben und Narrativ einwirken kann. Und in dem Zusammenwirken aller Begegnungen und Anregungen kann sich im Idealfall ein „neuer Weg" entwickeln, der sich vom vorherigen „alten Weg" unterscheidet. Das Ergebnis ist trotz aller Konzepte, die wir einbringen, offen und entwickelt sich in diesen Begegnungen.

Ich habe Herrn Suchner mehrfach stationär behandelt. Dies ist ein paar Jahre her. Danach sind wir uns mehrfach kurz begegnet, als er in unserer Klinik, aber auf einer anderen Station behandelt wurde. Manchmal war Zeit für einen Austausch.

Mir ist in Erinnerung, dass er sich nie in den Vordergrund drängte, den Mitgliedern des Teams immer viel Wertschätzung entgegenbrachte, dabei vielleicht fast zu sehr für uns sorgte.

Wie er den Aufenthalt auf unserer Station erlebt hat, kann er selber am besten sagen.

In meiner Arbeit nehme ich eine Außenperspektive ein. Ich versuche zu sortieren, Dinge zu klären, zusammen mit meinem Team einen Behandlungsplan zu entwickeln.

Gleichzeitig versuche ich die Innenperspektive zu verstehen, also wie jemand die Dinge erlebt, einen Sinn darin zu finden versucht und danach handelt.

Es gibt nicht so viele Selbstzeugnisse von Menschen mit Epilepsie, in denen diese Innenperspektive literarisch umgesetzt wird. Umso wertvoller ist das, was hier zu lesen ist. ■

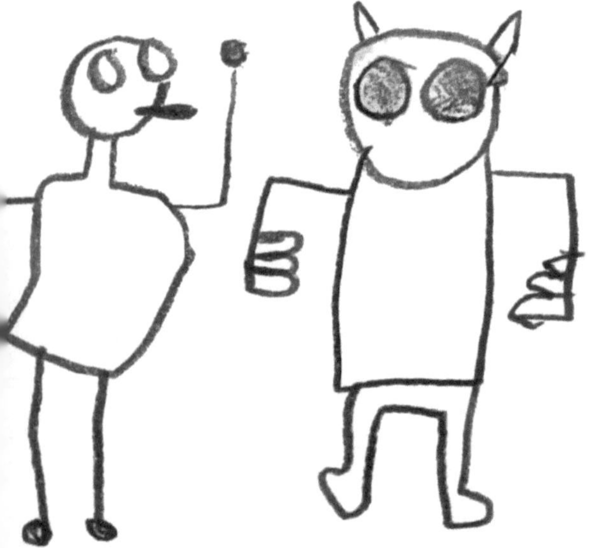

5 CHAPEAU!

Zum nächstmöglichen Termin schon fährt Wolfgang in seinem alten Citroën nach Kleinwachau. Ein Sonntag. Eine lange Fahrt, niemand auf dem Beifahrersitz. Der Gedanke, ein Anfall könnte ihn plötzlich die Kontrolle über den Wagen verlieren lassen, ist ihm bisher noch nicht gekommen. Oder wurde ganz schnell beiseitegeschoben. Wird schon nichts passieren.

Am Abend ist er vor Ort, belegt ein Gästezimmer und betritt am Montagmorgen Dr. Mayers Sprechzimmer. Oh ja, jetzt ist er Chefarzt, denkt Wolfgang, als er den riesigen Raum betritt, dreimal so groß wie der in Bethel.

Nehmen Sie Platz.

Wolfgang sitzt ihm nicht wie früher auf einem Besucherstuhl an einem großen, breiten Schreibtisch gegenüber, wo er sich die Aufmerksamkeit des Arztes mit einem großen Bildschirm teilen musste, dessen Anzeige ihm verborgen blieb. Hier sitzen beide jetzt in Sesseln an einem kleinen Tisch, auf dem Süßigkeiten, Gebäck, Kaffee- und Teetassen bereitstehen, kein Schreibtisch und kein Monitor zwischen ihnen.

Eine Krankheit annehmen.

Eigentlich will man sie doch loswerden und nicht annehmen, so wie einen Pickel, den man ausdrückt. Einen Hautpilz, auf den man regelmäßig eine Salbe schmiert, bis er verschwunden ist. Man wird weder Pickel noch Pilz als Bestandteil seiner selbst betrachten, man wird versuchen, beide so schnell wie möglich verschwinden zu lassen, wird weder Pickel noch Pilz wirklich annehmen. Aber bei einer solchen Krankheit wie Epilepsie sollte man es tun, sagt Mayer. Da kann ich Ihnen keine Pille verschreiben, und weg ist sie. Geht nicht. Die bleibt.

Natürlich ist diese Krankheit eine Gegnerin, auch wenn sie fest zu einem gehört, wenn sie einen Teil der Identität ausmacht. Immer noch eine Gegnerin im eigenen Kopf, die einen stört. Aber die bekämpft man nicht mit Killerpillen. Eher wie in einem Aikido-Zweikampf, bei dem du die Kraft, die gegen dich gerichtet wird, ins Leere laufen lässt und sie zu deinem Vorteil nutzt. Wenn du ihr zu viel Widerstand entgegensetzt, verkrampfst du dich und wirst von ihr dann härter getroffen, als wenn du ihr zunächst scheinbar nachgibst. Du, lass dich nicht verhärten. Die allzu hart sind, brechen, die allzu spitz sind, stechen und brechen ab sogleich. Das hat Wolf Biermann damals eher politisch gemeint, aber wir können es auch auf Ihren Fall beziehen, Herr Suchner.

Konkret in Situationen heißt das, sobald sich da etwas anbahnt - und das spüren Sie ja, wie Sie mir gerade gesagt haben, an ganz kleinen Anzeichen -, dann sollten Sie um Gottes Willen nicht in Panik geraten, sondern sich ganz auf Ihre Atmung konzentrieren, ruhig ein- und ausatmen, die unmittelbare Umgebung wahrnehmen - kann ich hier einfach umfallen, oder stürze ich ins Wasser, einen Abhang hinunter, knalle ich auf steinerne Treppenstufen - und sich dann einfach dem hingeben, was da kommen mag. Manchmal kommt es ja auch nicht, haben Sie gesagt, geht einfach vorbei. Kündigt sich an und verschwindet wieder. Umso besser.

Und auf die berufliche Situation bezogen: Machen Sie einfach weiter mit dem, bei dem Sie sich wohl fühlen. Und informieren Sie weiterhin Ihre Kollegen. Es gibt so viele, die ihre Epilepsie verschweigen, die Angst vor Stigmatisierung haben, und da schwingt immer noch der alte Aberglauben mit, dass der Epileptiker geisteskrank, irre, schwachsinnig sei. Schwachsinnig. Schönes Wort, eigentlich. Schwach in einem gewissen Sinne ist er ja tatsächlich. Sind wir alle, wohl niemand hat alle seine Sinne gleichmäßig stark ausgebildet, jeder hat seine Schwächen, der eine kann schlechter hören, der andere besser kopfrechnen. Und Sie spielen zum Beispiel viel besser Trompete als ich. Trotz verschiedentlicher Anfälle. Und auch schon vor den Anfällen, trotz Blutschwamm.

Ob aber dieser Schwamm die eigentliche Ursache der Epilepsie war, das ist noch gar nicht bewiesen, bleibt vorerst noch eine Annahme. Zunächst müssen wir wissen, ob Sie tatsächlich unter einer fokalen Epilepsie leiden, die also an einer bestimmten Stelle im Hirn zu verorten ist, von einem klaren Herd ausgeht.

Dazu muss der erste Anfallsimpuls im Gehirn lokalisiert werden.

Genau deshalb ist Wolfgang jetzt hier, einige Monate nach dem Gespräch mit Dr. Mayer. Liegt der Herd bei oder in der Zyste, also diesem mit Flüssigkeit gefüllten Hohlraum, im Sprachzentrum selbst - oder wo? Bisher hat man bei vorsichtigen Medikamentenumstellungen gleichzeitig seine Gehirnströme gemessen, um die entsprechende Dosis ausloten zu können, ohne damit einen Anfall auszulösen. Jetzt setzt man ein Intensivmonitoring ein. Dazu kommt Wolfgang in ein Einzelzimmer und wird komplett verdrahtet. Es dauert mehr als eine Stunde, bis alle Kabel verklebt sind, wie dicke, lange Haare sprießen danach die Leitungen aus seinem Kopf. Rund um die Uhr, vierundzwanzig Stunden am Tag, messen die Kabelenden, und im Nebenraum sitzen drei fachkundige Menschen, die allerdings ab und zu abgelöst werden müssen, und schauen vierundzwanzig Stunden am Tag durch einen Monitor mitten hinein in seinen Kopf. Gleichzeitig wird die Dosis seines Medikaments ganz allmählich abgesenkt, ohne allerdings ein neues hochzufahren. Denn hier soll kein Anfall vermieden, im Gegenteil: Hier soll ein Anfall provoziert werden.

Es dauert vier Tage und Nächte. Wolfgang darf sich mit seinen Kabeln vorsichtig bewegen, sogar hinaus auf den Balkon treten, darf lesen und fernsehen, kommt aber nicht zur Ruhe, wartet mit den Ärzten auf den Anfall.

Als der endlich kommt, ist er heftig, aber kein Grand Mal.

Hat trotzdem gereicht, sagt Dr. Mayer in der Nachbesprechung. Jetzt haben wir die Bestätigung. Komplexe fokale Anfälle mit Bewusstseinsstörungen, so heißt die Diagnose. Die Zyste liegt am Rand des Sprachzentrums, das wissen wir ja schon lange, und der Fokus, also der Impulsgeber für den Anfall, der Herd, könnte man sagen, liegt dort am Rand, leicht nach innen versetzt.

Als der Anfall kam, hatte Wolfgang die Vorzeichen wahrgenommen, hatte ja seit vier Tagen genau darauf geachtet, was sich in seinem Körper, in seinem Kopf tat. Aber dann war er wieder wie ausgeknipst, fort. Die Krankheit war da, aber er selbst war weg.

Doch wenn er sich bisher vormachen konnte, dass er bei so einem Anfall eigentlich gar nicht anwesend ist, gilt das ab jetzt nicht mehr. Die Ärzte haben durch ihre Monitore nicht nur in seinen Kopf geschaut, sondern ihn auch per Kamera rund um die Uhr beobachtet. Und dabei aufgenommen. Dr. Mayer zeigt ihm den Filmausschnitt mit dem Anfall.

Wolfgang sieht einen etwa fünfzigjährigen Mann auf einem Bett liegen, der sich aufrichtet und in die Kamera schaut. Er wirkt zunächst nur leer, ausdruckslos, während seine Lippen sich leicht bewegen, als versuchten sie erfolglos, ein Wort hinauszulassen. Aber da ist keines. Dann stellt das Gesicht allmählich durch winzige Veränderungen einen Ausdruck her: ängstlich, orientierungslos, suchend, vielleicht auch hilfesuchend. Einen Mann, der gerade in ein Loch geschaut hat, hineingerutscht ist, selbst zu diesem Loch geworden ist und jetzt nicht weiß, wie er da rausfinden kann. Dann aber erkennt er sich selbst in diesem Mann, fühlt, wie das Loch sich auch in ihm, dem Beobachter, auszubreiten beginnt, trifft Gegenmaßnahmen, indem er bewusst ruhig und tief und langsam atmet. Dann sieht er noch einmal genauer hin. Dieser Mann da, das kann er gar nicht sein.

Ich sehe doch ganz anders aus als dieser Mann.

Aber er ist es.

Einmal pro Woche treffe ich mich mit Kollegen in der Dresdner Uniklinik, sagt Dr. Mayer, und wir diskutieren gemeinsam Fälle, die jeweils einer von uns den anderen schildert. Beim nächsten Mal stelle ich Sie vor, Herr Suchner, einverstanden? Es muss ja irgendwie weitergehen.

Das Ergebnis der Besprechung ist im Juni 2008 ein dreitägiger Krankenhausaufenthalt in Dresden. Die Ärzte haben sich darauf verständigt, dass man sich die Zyste noch einmal genau anschauen sollte: womöglich besteht immer noch oder schon wieder ein Blutungsrisiko, denn so eine Zyste kann sich ja verändern, wachsen. Also eine Angiographie, das heißt: wieder mit einer Sonde durch die Leiste, durchs Herz und dann mitten in den Kopf. Nein, zeigt sich da, alles so weit gut, keine erneute Embolisation erforderlich - es muss also nicht noch einmal neu verklebt werden.

Jetzt wird noch ein Wada-Test angeschlossen. Dabei muss man in Erfahrung bringen, wo genau in Wolfgangs Gehirn sich die einzelnen Steuerungsfunktionen befinden. Die sind nicht bei jedem Menschen genau gleich verteilt, da gibt es immer wieder Abweichungen. Bei dem Test, benannt nach seinem Erstbeschreiber Yuhn Wada, wird ein Narkotikum - wieder durch eine Sonde - in eine Hirnhälfte gegeben, anschließend stellt man durch Befragen fest, welche Funktionen durch die kurzzeitige Ausschaltung beeinträchtigt wurden.

Bei Wolfgang wird heute die linke Hälfte ausgeschaltet, Ergebnis: rechter Arm und rechtes Bein sind auf einmal nicht mehr da, er sieht sie, aber im Kopf sind sie nicht mehr existent. Und die Sprache ist verschwunden, zumindest die gesprochene, die zu sprechende Sprache, die zu artikulierenden Wörter sind nicht aussprechbar, nicht wiederauffindbar. Man hält ihm einen Text vor, er kann ihn lesen, verstehen, die Wörter existieren also noch, er kann sie nur nicht vorlesen. Man stellt ihm Rechenaufgaben, zeigt ihm Bilder.

Das kennt er noch: Irgendwann kommt alles wieder, jede einzelne Funktion meldet sich allmählich zurück. Wenn er jetzt gefragt wird, ob er sich Text, Rechenaufgaben und Bilder wieder vor Augen führen kann, testet man sein Gedächtnis, sein Erinnerungsvermögen. Ergebnis: Sein Sprachzentrum liegt ganz eindeutig links, das Gedächtnis rechts.

Also alles wie erwartet. Er wird entlassen. Nicht geheilt entlassen, aber entlassen.

Wien, Drachengasse, ein kleines Theater, der Saal fasst etwa einhundert Personen. Im Publikumsraum vor der Rampe konterkariert Mateng in dumpf-brutaler Sinnlichkeit das, was Hans oben auf der Bühne in erkenntnistheoretisch anmutenden Sätzen scharf artikuliert von sich gibt: Er zieht ein dickes Tau ächzend und grunzend erst durch eine Wasserschüssel und schlägt es anschließend, laut aufschreiend, immer wieder fest auf den Boden, Wasser spritzt, Zuschauer halten abwehrend Hände hoch. Wolfgang tritt dazu, er will es beenden und ihm das Tau abnehmen, Mateng aber gibt es nicht her, es kommt zu einem kurzen Gerangel zwischen den beiden, das schließlich in ein Tauziehen mündet. Große Kraftanstrengung, rote Gesichter, die Stirnadern treten deutlich hervor - und dann, plötzlich, fällt Wolfgang um. Bautz. Knallt mit dem Hinterkopf auf den Boden, hörbar, und bleibt liegen.

Zuschauer springen von den Plätzen, schreien. Andere bleiben sitzen, lächeln wissend, das gehört doch zur Show. Tut es nicht, sagt Hans oben auf der Bühne. Zunächst hat er an einen Grand Mal gedacht, sagt er später. Aber Wolfgang lag ja ganz still, kein Zucken, keine Spasmen oder Schaum vor dem Mund. Das Wasser auf dem Boden mischt sich mit dem Blut aus der Kopfwunde, Sanitäter bringen den Verletzten auf einer Trage hinaus, und es ist totenstill im Publikum. Als sich die Tür hinter ihnen schließt, steht eine kleine, ältere Dame auf, ruft „Chapeau! Chapeau!“ und klatscht in die Hände. Aber damit bleibt sie allein, niemand klatscht mit.

Im Krankenhaus wird der Hinterkopf um die Wunde herum rasiert und genäht, aber außer einem Brummschädel, der länger anhält, trägt Wolfgang nichts davon. Offenbar ist er auf ein loses Ende des Taus getreten und hat dabei das Gleichgewicht verloren. Am nächsten Tag brummt der Schädel noch gewaltig und er darf nicht wieder zurück auf die Bühne, das *theatre du pain* muss also den zweiten vereinbarten Auftritt absagen.

Kein Auftritt, kein Geld.

Zum Glück gibt es für den Fall eines Falles eine Versicherung. Die aber will Wolfgang den Verdienstausfall nicht gleich zahlen, weil zuerst vermutet wird, dass sein Umfallen kein Unfall war, sondern aus einem epileptischen Anfall rührte, und der ist nicht versichert. Auch nicht, wenn er während der Arbeit auftritt. Anfall ist nicht gleich Unfall.

Aber Wolfgangs Umfallen war doch ein Unfall und kein Anfall, bestätigt der Krankenhausarzt, und schließlich zahlt die Versicherung.

In Wuppertal ist die *Bergische Seifenoper*, bislang festes Standbein mit garantierten Eintrittserlösen, in den letzten Folgen nur noch dahingetröpfelt, das Zugpferd Dörte ist ausgeblieben und damit auch der Zuschauerstrom. Die Musiker der Band, Wolfgang, der Regie geführt hat, Birgit, die für Bühnenbild, Requisite, Projektionen und vieles andere sorgte, sie alle überlegen gemeinsam mit verbliebenen Darstellerinnen an einer möglichen Fortsetzung. Das Ergebnis heißt „Talort“ und ist eine Art

Bergischer Krimi, angesiedelt irgendwo zwischen dem publikumssicheren Lokalkolorit der *Bergische Seifenoper* und dem publikumsverstörenden Dada-Humor des *theatre du pain*, absurde Fälle, in denen mal die Wupper umgeleitet und die Stadt trockengelegt, mal in die Gründung Wuppertals durch eine Zeitreise im Paternoster des Rathauses eingegriffen wird. Vier Folgen laufen fast vier Jahre lang, und dass Birgit sich schon während der Arbeit an der zweiten Folge von Wolfgang trennt, ändert nichts an ihrer Zusammenarbeit auf und hinter der Bühne. Alle Beteiligten machen weiter wie bisher, Wolfgang scheint sein inneres Gleichgewicht halten zu können. Das Ende der Beziehung hatte sich schon angebahnt, kam nicht völlig unerwartet, beschert ihm ein paar schwere, dumpfe Tage, stürzt ihn aber offenbar nicht in eine lange Phase tiefer Verzweiflung. Jedenfalls wirkt er so. Es gibt so viele Ablenkungen, so viele Kontakte, die ihn davor schützen, in sich zusammenzufallen.

Doch die Wohnung in der Luisenstraße wird ihm nach Birgits Auszug zu groß. Schon Monate zuvor ist auch Amanda ausgezogen, sie hat ihr Abitur hinter sich und geht eigene Wege, eine junge Frau, die seine Liebe mit sich nimmt und aus der Ferne erwidert. Die Wohnung ist jetzt so weiträumig und leer, dass jedes Geräusch, das er hier macht, durch den Hall zu ihm zurückzukehren scheint. Als er sie mit der eines befreundeten Paares in der nächstgelegenen Straße tauscht, nur dreißig Meter entfernt, scheint die Luisenstraße ihn aber nicht gehen lassen zu wollen: Der Wohnungs- und Möbeltausch, der an einem gemeinsamen Umzugstag erfolgen soll, gerät zu einem absurden Theaterstück. Die Helferinnen, die Unmengen an Kisten und Möbeln viele Treppen hinauf- und hinuntertragen, stellen diese entweder im Flur unten ab oder tragen sie sofort ins nächste Haus, dort wieder lassen sie sie entweder unten stehen oder tragen sie sofort hinauf. So bleibt in jedem der beiden Häuser etliches Umzugsgut stehen, vom dem niemand außer den Eigentümern so recht weiß, wohin es gehört. Und Wolfgang, der seine Wohnung gerade fast leergeräumt hat, erhält auf einmal Kisten zurück, die er gerade für die neue Wohnung gepackt hatte. Einen kleinen Tisch, einen Teppich, eine Grünpflanze, die vor zehn Minuten erst die Treppen hinuntergebracht worden sind, stellen Helfer ihm wieder in die Wohnung, bevor er den Unsinn stoppen kann. Er soll offenbar nicht raus aus diesem Haus, denkt er, dem Haus, das Peter Kowald gehört hat und in dem er schon so lange wohnt.

Die neue Wohnung ist groß genug, hell, aber die Situation im Haus ist ungewohnt neu. Hier wohnen Mieter und Nachbarinnen, keine Freunde und Bekannte, man schließt anders als in der Luisenstraße die Wohnungstür ab, ist bei sich und nicht unter seinesgleichen, muss auf andere Weise und zu anderen Uhrzeiten Rücksicht nehmen. Da ist dann auch keiner, der einen auffängt, wenn man abstürzt, dem man sich aufdrängen darf, wenn man ihn braucht. Oder der auf mich achtgibt, wenn ich einen Anfall bekomme, denkt er. Zum ersten Mal ganz allein.

Nein, nicht ganz allein. Franziska kennt er schon lange und gut und irgendwie kommen die beiden zusammen. Kommen sich näher und kommen zusammen. Nicht so nah, dass sie bei ihm oder er bei ihr einziehen möchte, aber immerhin bleibt er nicht ständig auf sich zurückgeworfen, muss sich nicht nur mit sich selbst und seiner Krankheit aushalten. Die meldet sich immer wieder gern in Momenten von Einsamkeit - nicht manifest, nicht in Form von Anfällen, sondern abstrakt: Die Zyste in seinem Kopf klopft an und sagt hallo, da bin ich, immer noch, und auch wenn gerade nichts passiert, solltest du nicht vergessen, dass es mich gibt.

Aber jetzt gibt es Franziska.

Und Winni gibt es auch noch, er ist zurück. Er hat seit Gabis Tod als Bühnentechniker gearbeitet, auch Aufführungen organisiert, aber nicht mehr selbst auf der Bühne gestanden. Jetzt traut er es sich wieder zu, zusammen mit Wolfgang. Diesmal keine Eigenproduktion, sondern das Theaterstück „Bohm und Böhmer" des norwegischen Autors Lars Vik. Inmitten leerer Bierkästen aus Metall, die als Türme, Podeste, Sitze und für die Percussion eingesetzt werden, erzählen sich zwei aus einer Brauerei entlassene Arbeiter Geschichten über Leben und Tod, begleiten sich mit Klarinette, Trompete und Tuba. Die Stadt Wuppertal hat ein Problem mit leerstehenden Ladenlokalen, mit dem traurigen Bild, das sie bieten, der Kettenreaktion, die es im jeweiligen Stadtviertel geben könnte, der drohenden Verwahrlosung. Also mietet sie die Räume für einige Monate an und stellt sie Künstlerinnen als Ateliers, Probe- und Aufführungsorte zur Verfügung.

Bohm und Böhmer spielen jetzt in Räumen, in denen es manchmal immer noch nach vergorenem Gemüse oder Fisch riecht, und das Publikum drinnen wird draußen ergänzt durch Passanten, die an den Schaufenstern vorbeilaufen, und Kindern, die stehen bleiben und sich die Nasen plattdrücken. Es tut beiden gut, sie sind aufeinander eingespielt, sie haben Erfolg, das *Ernst Musiktheater* ist wiederauferstanden. Doch dann kommen auch diese Anfälle zurück. Vor und nach, aber auch mitten im Auftritt kurze Absencen, die den Rhythmus des Stückes ausbremsen, für Irritationen nicht nur im Publikum sorgen, sondern auch bei Winni. Es kommt vor, dass er während einer Vorstellung abbrechen und Wolfgang hinausführen, dann dem Publikum erklären muss, warum die Show vorbei ist. Irgendwann bricht Winni nicht nur eine Vorstellung, sondern alles ab. Keine Aufführung mehr.

Ich kann das nicht mehr, sagt er, ich halte das nicht aus.

Er erklärt nicht, ob es daran liegt, dass er in solchen Momenten immer auch an Gabi denken muss, seine Frau, oder ob er mit dieser Unberechenbarkeit von Wolfgang einfach nicht mehr arbeiten kann, mit dieser Unsicherheit, die eine Aufführung begleitet und seine eigene Bühnenpräsenz beeinträchtigt. Immer diese Sorge um Wolfgang.

In der Schlussszene heißt es:

Böhmer: *Aber eins hast du nicht verstanden, Bohm.*
Bohm: *Was denn noch?*
Böhmer: *Ich wäre nichts gewesen ... ohne dich.*
Bohm: *Und du hast auch eins nicht verstanden, Böhmer.*
Böhmer: *Ja?*
Bohm: *Ich habe keine Angst zu sterben.*
Böhmer: *Neinneinnein ...*
Bohm: *Ich habe Angst, dass du stirbst.*
Böhmer: *Hör zu: Ich werde mein Bestes tun, um noch ein Weilchen am Leben zu bleiben.*
Bohm: *Ich auch.*
Böhmer: *Siehst du. Das nenne ich eine gute Abmachung.*
Bohm: *Und wir machen einfach weiter?*
Böhmer: *Ja, was denn sonst?*

Aber sie machen nicht weiter.

Da bricht etwas zusammen.

Aufhören war nie ein Thema. Auch wenn eine Vorstellung mal gar nicht lief, wenn finanzieller Reinfall drohte, wenn sie mal stritten: Nie haben sie gedacht, man könne nicht mehr miteinander Theater spielen.

Warum schockiert mich das? Damit musste ich doch rechnen, denkt Wolfgang. Ich bin eine einzige Zumutung.

Und dabei ist Winni so freundlich. Er sagt geradeheraus, dass er es mit mir auf der Bühne nicht mehr aushält, aber er gibt mir keine Schuld. Ich bin eine einzige Zumutung, aber ich bleibe ein Freund.

Wie Bohm möchte sich auch Wolfgang ein Leben ohne Winni nicht vorstellen.

Und Winni tut sein Bestes, noch ein Weilchen am Leben zu bleiben. Er hat aufgehört zu rauchen, er hat Gela getroffen, er lebt mit ihr zusammen und er lebt jetzt gesund. Wenn Bohm Angst hat, Böhmer zu verlieren, so denkt der Bohm-Darsteller Wolfgang auch daran, was jetzt wird ohne den Mitspieler Winni, aber noch denkt er nicht an Winnis Tod. Das kommt später. Da wird dann aus Spiel Ernst.

Für Wolfgang geht es aber beruflich auch ohne Winni weiter. Das *theatre du pain* tritt im Sommer im bayerischen Isny auf, ein großes Theaterfestival, und das Festivalzelt bietet vierhundert Plätze. Ihr Programm ist gut eingespielt, jeder der drei kennt seinen Part genau, kennt seinen Text, aber auch den der beiden anderen, die Pausen, die Bewegungsabläufe, braucht keine Noten, um sein Instrument zu spielen, und es läuft wie am Schnürchen. Jedenfalls bis zur dritten Musiknummer, die Wolfgang noch fehlerlos hinter sich gebracht hat. Dann kommt der Aussetzer. Diesmal nicht einer, der ihn nur verstummen und leer ins Publikum gucken lässt, ihn für eine lange Minute kaltstellt, sondern einer mit Text.

Er sitzt mit Hans an einem kleinen Tisch, auf dem eine Zinkschüssel steht, mit Wasser gefüllt. Das Angelspiel. Sie heben kleine Stöckchen mit Magneten und hoffen, den ein oder anderen Pappfisch aus der Schüssel zu ziehen, führen dabei gleichzeitig ein hochphilosophisches Gespräch, unterbrechen es kurz bei jedem Fang, immerhin heißt ihr Programm „Wortbrot und Fischgesang". Mateng tritt auf und beginnt eine völlig konträre Nummer, reibt sich den vorgestülpten nackten Bauch, grunzt, stöhnt. Und da geschieht es mal wieder. Wolfgang dreht ab, Wolfgang ist ausgeknipst.

Aber er redet! Allerdings recht undeutlich. Völlig unzusammenhängendes Zeug, verrückten Unsinn, Worte sind erkennbar, oft sogar Sätze, aber keinerlei Kontext. Er murmelt, wird lauter, bricht ab, beginnt dann scheinbar ein neues Thema, das er aber sofort wieder verlässt. Die Zuschauer lachen. Gute Nummer. Absurd. Aber so kennt man sie ja, die drei. Oder?

Hans und Mateng hören einen Moment zu, dann entscheiden sie, die Nummer nicht abzubrechen, sondern aufzugreifen. Hat er gerade das Wort „Zahnriemen" genannt? Gut, dann loben sie kurz dessen große Bedeutung für die Langlebigkeit des Automotors, nehmen es als konkretes Beispiel, das sich übertragen lässt, vielleicht auf das Leberwurstbrot oder auf Hemden mit kurzem Arm, und bevor das weiter ausgeführt wird, haben sie von Wolfgang schon den nächsten Impuls bekommen, müssen schnell entscheiden, ob und wie lange sie ihn reden lassen wollen, ohne ihn mit der Gewalt ihrer Mikrofone zu übertönen.

Gute Nummer. Dauert insgesamt etwa zehn Minuten, dann ist Wolfgang wieder da, weiß von nichts, weiß, dass er gerade abwesend war, aber nichts von dem, was in seiner Abwesenheit geschehen ist, begreift aber, dass die

Show weitergeht, und als das Stichwort für den nächsten Musikeinsatz fällt, hat er die Tuba schon längst im Arm.

Nachher sprechen sie darüber, Wolfgang fällt in das Lachen der beiden ein, als sie von der gelungenen Lösung erzählen. Aber sie machen sich auch Sorgen. Braucht ihr nicht, sagt Wolfgang, ich komme damit schon zurecht. Macht euch keinen Kopf. Ist ja mein Kopf, nicht euer.

Aber gezappelt hast du nicht?, fragt Rolli später in Wuppertal.

Nein, das war kein Grand Mal. Da hat nur ein Teil meines Gehirns ausgesetzt, hat das Sprachzentrum durcheinandergewirbelt. Und sich nachher wieder beruhigt. Die Motorik war nicht beteiligt.

Und du weißt nichts mehr? Keine Erinnerung?

Wolfgang schüttelt den Kopf.

Nur so als Trost, sagt Rolli, heute Morgen habe ich den Eierbecher vor mir auf dem Frühstückstisch angesehen und konnte mich plötzlich nicht daran erinnern, das Ei gegessen zu haben. Die halbe leere Eierschale darin, Stückchen von Eierschale drumherum auf dem Tisch verteilt, da war noch eine Spur Eigelb auf dem kleinen Löffel - aber ich hatte nicht den Hauch einer Erinnerung. Ich muss das Ei wirklich gegessen haben, aber ich wusste von nichts.

Aber gezappelt hast du nicht?, fragt Wolfgang.

Rudi von *Fortschrott* hat ein Haus gekauft und bietet Wolfgang eine kleine Wohnung darin an. Die kann er mieten und ist dann etwas weiter weg von der Luisenstraße, dem Kneipen- und Künstlerviertel, das von Jahr zu Jahr trubeliger wird, wo man sich am Wochenende abends seinen Weg durch feierndes Volk bahnen muss, lauter laute Leute, lauter junge Leute, und Wolfgang wird jetzt bald fünfzig.

Das ist so ein Alter, in dem sich einiges ändern kann, hat Dr. Mayer gesagt. Nicht nur Frauen haben Wechseljahre. Kann durchaus sein, dass sich jetzt hormonbedingt die Anfälle häufen. Sie sollten sich darauf einstellen.

Aber wie? Wolfgang denkt kurz daran, vielleicht doch als Trompetenlehrer zu arbeiten, gar als Seiteneinsteiger in den Schuldienst zu gehen, dort werden Musiklehrer dringend gesucht. Das böte ihm eine gewisse Regelmäßigkeit. Aber er kommt gar nicht dazu, sich ernsthaft damit zu befassen und erste Schritte einzuleiten, weil die Tournee mit dem *theatre du pain* weitergeht, weil die nächste Folge des „Talort“ ansteht, weil befreundete Musiker gerade für ihr nächstes Projekt einen Trompeter suchen, weil Franziska dabei ist, einen Bioladen aufzumachen, weil noch eingekauft werden und der Müll rausgestellt werden muss, weil die Tage kurz sind und das Leben auch.

Zumindest sollte er vielleicht keinen Alkohol trinken. Sein musikalisches Vorbild, Willem Breuker, schüttet sich täglich mit einer Unmenge Whisky zu. Der bleibt dabei zwar unverändert produktiv, aber bei seinem letzten Besuch in Amsterdam hat Wolfgang gesehen, wie sich ein Körper verändert, dessen Leber nicht mehr richtig arbeitet. Wolfgang ist vorsichtig. Aber gar keinen Alkohol? Kein kleines Bierchen nach dem Auftritt? Das geht doch zu weit, denkt er.

Schon lange geht er nicht mehr schwimmen. Höchstens baden. Er muss im Wasser noch stehen können. Eine Absence im tiefen Wasser und ich ertrinke, erklärt er Franziska. Meine Reflexe sind vielleicht nur kurz ausgeschaltet, aber fürs Absaufen reicht es.

Und vielleicht sollte er auch nicht mehr Auto fahren?

Das sagt Rudi, als er ihn erwischt hat. Wolfgang saß am Steuer und blickte plötzlich starr nach vorne, gab keine Antwort auf Rudis Fragen und reagierte erst, als der ihm befahl, laut befahl, rechts ranzufahren und den Wagen zu stoppen. Wolfgang erinnert sich, dass er Rudi verstehen konnte, aber unfähig war zu antworten, zu sprechen. Doch das Fahrzeug hatte er unter Kontrolle. Eine Absence, die offenbar nur das Sprachzentrum betraf, die unmittelbare Nachbarschaft seiner Zyste.

Ich kann auch bei so einer Absence noch fahren, hast du doch mitgekriegt, sagt Wolfgang. Und er fährt weiter.

Der nächste Anfall ist heftiger. Diesmal ist er Beifahrer. Am Steuer sitzt Uwe, mit dem er schon beim Togo-Film und in etlichen weiteren Projekten zusammengearbeitet hat, Uwe, der Filmer, und Uwe, der Sozialpädagoge mit dem geschärften Blick auf abweichendes Verhalten. Er sieht Wolfgang zwar nur aus den Augenwinkeln, aber dessen Verhalten ist eindeutig abweichend: Er ist regungslos und schweigt. Viel zu lange, findet Uwe. Normalerweise schweigt Uwe und Wolfgang redet. Auf eine Frage keine Reaktion. Auch die nächste bleibt ohne Antwort. Uwe fährt rechts ran und hält. Warum halten wir?, denkt Wolfgang, aber er fragt Uwe nicht, er kann nicht fragen. Dann nimmt er wahr, dass Uwe den Wagen wendet, sie fahren weiter. Was macht er da?, denkt Wolfgang, aber er kann ihn immer noch nicht fragen. Als sie das nächste Mal halten, stehen sie vor dem Krankenhaus. Dort nimmt man eine Blutprobe, erzählt ihm dann was von Cholesterinwerten, und Wolfgang begreift, dass man dort offenbar keine Erfahrung mit Patienten hat, die an Epilepsie erkrankt sind. Er kann längst wieder sprechen und er will nach Hause, sofort. Erst als er seinen Hausarzt angerufen und herbeigeholt hat, Dr. Carnap, mit dem er inzwischen befreundet ist und den er Mike nennt, und erst als Mike mit den Ärzten gesprochen hat, entlässt man Wolfgang auf eigene Verantwortung. Später fällt ihm auf, dass man ihn gar nicht nach seinem Medikamentenspiegel gefragt hat. Der war nämlich offenbar zu niedrig und damit die Ursache für den Anfall. Ein Anfall, kein Unfall, Wolfgang saß ja nicht am Steuer. Aber er fährt weiter Auto.

Im Düsseldorfer Schauspielhaus werden Anfang 2009 Musikerinnen als Gäste für die Produktion von Offenbachs Operette „Pariser Leben“ engagiert. Wolfgang hat Trompete und Euphonium aus dem Kofferraum seines Wagens geholt, hat das Kostüm angezogen, sich in der

Maske die riesigen Koteletten auf die Wangen kleben lassen, die in der Belle Époque Mode waren, hat sich mit den Kollegen eingespielt, die Aufführung genossen, angstfrei, alles hat geklappt. Auch die Proben in den Wochen zuvor haben Spaß gemacht, wunderbar. Jetzt hat man ihm die Koteletten wieder abgenommen, er hat sich umgezogen und steht mit Freunden, denen er Eintrittskarten besorgt hat, auf dem Vorplatz des Schauspielhauses, es ist kalt, aber irgendwer muss ja immer rauchen, man steht beieinander, man redet, man ist heiter wie die Operette, man lacht und dann fällt Wolfgang um.

Er weiß nicht mehr, ob er Vorzeichen gespürt hat. Plötzlich wurde alles schwarz. Als er wieder bei sich ist, gestützt von den Freunden, sieht er Blut auf dem Boden. Er fühlt einen gewaltigen Kopfschmerz und ertastet die verklebten Haare am Hinterkopf. Diesmal war es ein Grand Mal. Er hat gezuckt, hatte wilde Spasmen, hat sich die Zunge zerbissen und schmeckt noch das Blut. Die Freunde stellen ihm Fragen, aber er kann nicht antworten, sie fahren ihn nach Wuppertal, auf der Fahrt schläft er immer wieder ein. Sie laden ihn bei Franziska ab, und er schläft, schläft, schläft.

Am nächsten Tag fühlt er sich verkatert, aber er kann wieder sprechen. Der Kopfschmerz bleibt zwei, drei Tage lang, zusammen mit einer großen Mattigkeit und Gliederschmerzen, die ganze Muskulatur ist völlig überspannt.

Er nimmt die S-Bahn nach Düsseldorf und holt sein Auto aus der Tiefgarage. Immer noch kein Gedanke daran, das Fahren aufzugeben.

Als er von Willem Breukers Tod erfährt, sitzt Wolfgang allerdings im Zug und nicht im Auto. Im Zug von Bremen, wo *theatre du pain*-Proben liefen, zurück nach Wuppertal, wo jetzt für die vierte Folge des „Talort“ geprobt werden soll. Willem hatte eine neue Leber erhalten, sein Körper hatte sie nicht abgestoßen, es ging ihm immer besser, als Wolfgang ihn zum letzten Mal gesehen hat, bei einem Konzert im Bimhuis, Amsterdam. Breuker mit Wasser statt Whisky, ein Neuanfang, hat Wolfgang gedacht. Das liegt nur ein paar Monate zurück. Jetzt wird Breukers Tod in der Tagesschau gemeldet, Wolfgang sieht auf dem kleinen Bildschirm seines Mobiltelefons das Foto hinter der Sprecherin. Tot.

Am nächsten Tag ruft er in Amsterdam an: Willem ist nach der Transplantation noch an Lungenkrebs erkrankt, wohl verursacht durch das Asbest in seinen Hauswänden, und nur wenige Wochen nach der Diagnose gestorben. Wie Peter Kowald auch er ein Vorbild, ein väterlicher Freund. Da steht man dann auf einmal in der ersten Reihe, denkt Wolfgang.

Im Herbst ist er wieder in Kleinwachau, Dr. Mayer will ihm ein neues Medikament geben und dazu muss er drei Wochen dort bleiben. In der ersten Woche wird die Dosis des bisherigen Medikaments allmählich heruntergefahren, in der zweiten kommt das neue in langsam steigendem Maß hinzu, in der dritten wird das alte schließlich weggelassen und das neue auf die entsprechende Dosis hochgesetzt, alles stets unter Beobachtung, der Medikamentenspiegel im Blut muss immer wieder gemessen werden, eine Kamera auf dem Zimmer beobachtet ihn rund um die Uhr, damit bei möglichen Anfällen sofort geholfen werden kann. Hier hat er aber keine.

Zurück im Alltag, werden die Anfälle allerdings häufiger, das neue Medikament hat sie nicht verhindert. Einmal, als er mit dem Rad einkaufen fährt, merkt er, wie sich eine Absence ankündigt, schafft es gerade noch, das Rad am Straßenrand anzuhalten, ein Fuß auf dem Bürgersteig, direkt vor der Metzgerei. Als er wieder bei sich ist, sieht er zunächst immer noch mit leeren Augen ins Schaufenster, dann erst registriert sein Bewusstsein mit einem Mal die rosig-blutigen Auslagen, die er jetzt wer weiß wie lange schon angeglotzt hat. Fleischstücke, Speckseiten, Würste. Jetzt riecht er sie auch. Vielleicht sollte ich mich anders ernähren?

Muss seltsam ausgesehen haben. Aber offenbar ist niemand, der ihn kennt, vorbeigekommen, sonst wäre er wohl angesprochen worden.

Im April 2010 ist er mit Franziska im Allgäu, sie wollen von der kleinen Pension aus Wanderungen in der Umgebung unternehmen und mühen sich schon bald den ersten Berg hinauf. Eigentlich ist Bergwandern nicht Franziskas Sache, aber sie hat sich nun einmal darauf eingelassen. Es ist bereits nach Mittag, die Sonne steht noch hoch, es ist warm, rechts fällt der Berg steil ab und man muss schon auf seine Schritte achten. Wenn man hier stolpert, stürzt man nicht ab, aber man könnte ins Rutschen geraten, und dann gäbe es kein Halten mehr, viele hundert Meter, kaum zu überleben. Und genau an dieser Stelle spürt er ihn wieder mal kommen, den Anfall, ist gerade noch so gegenwärtig, sich rasch auf einen großen Felsbrocken zu setzen, bevor dieser Geist eben nicht mehr gegenwärtig ist. Sitzt und glotzt, eine wunderschöne Aussicht, aber er sieht nichts und sagt nichts, Franziska fragt und er antwortet nicht. Lange zehn Minuten sitzt er da, Franziska hat Angst, er könne sein Gleichgewicht verlieren, stellt sich bereit, ihn notfalls in die sichere Richtung zu schubsen, bergwärts.

Als er wieder zu sich kommt, will sie die Bergwacht rufen, die soll einen Hubschrauber schicken. Er könne doch jetzt nicht wieder hinunter, zu gefährlich. Nein, sagt er, auf keinen Fall, keine Bergwacht, kein Hubschrauber. Ist doch alles wieder gut. Siehst du? Ich kann aufstehen, gehen, mache nur alles ein bisschen langsamer. Keine Sorge, ich schaffe das.

Nie wieder gehe ich mit dir auf einen Berg, sagt sie später in der Pension.

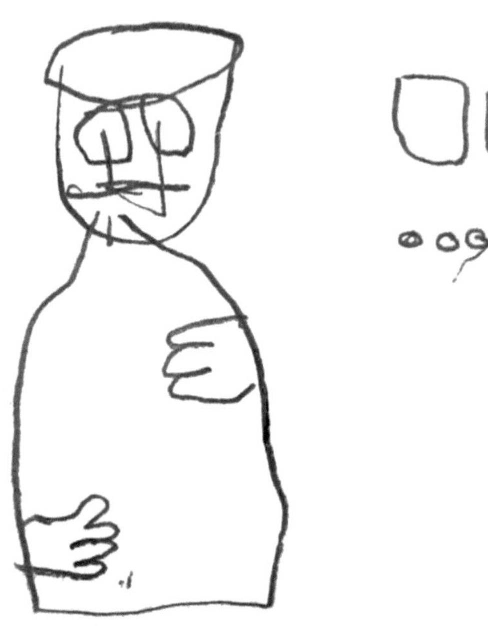

6 KINSHASA

Man muss ein richtiges Loch in den Kopf bohren, groß genug, damit der böse Geist entweichen kann. Man muss diesem Geist einen Fluchtweg eröffnen, wie sonst soll der Besessene ihn loswerden.

Es gibt Hinweise darauf, dass in Westeuropa noch bis in die Neuzeit so über Epileptiker gedacht und auch mit ihnen verfahren wurde. Mit Geistern musste diese Krankheit zu tun haben, woher sonst sollten diese plötzlichen, unberechenbaren Stürze und Spasmen kommen, die Zuckungen und Bisse, diese grauslichen Grimassen. Oder kommt sie direkt vom Teufel, der seine Dämonen geschickt hat? Und die haben sich des ganzen Menschen bemächtigt und können nur mit viel Hokuspokus und Weihwasser vom kirchlich beamteten Exorzisten ausgetrieben werden.

Bei vielen indigenen Völkern Nordamerikas war man sich da nicht so sicher. Ein Geist? Ja, aber nicht unbedingt ein böser. Die Geister konnten sowohl gut als auch böse sein, so wie die Menschen. Da war man besser vorsichtig und ließ die Besessenen in Ruhe, behandelte sie mit ehrfürchtigem Respekt. Immerhin waren sie anscheinend in Verbindung mit dieser seltsamen Welt, die sich weder als überirdisch noch als übernatürlich bezeichnen lässt, denn sie gehörte zur Erde und zur Natur, war also sowohl irdisch als auch natürlich, auch wenn sie sich dem Menschen nur in besonderen, durch Riten provozierten Ausnahmesituationen zeigte. Daher der Tanz in den Trancezustand hinein, der Schmerz, der ihn zu den Grenzen des Körperlichen führt, der nächtliche Gang durch den Wald, der ihm Visionen bringt, der Rauschpilz.

Der Epileptiker aber benötigte keinen Ritus, keine dieser Methoden, und konnte jederzeit Botschaften aus dieser Geisterwelt empfangen, blitzartig, unangekündigt, da gab es überhaupt keine erkennbare Regel. Der Epileptiker musste also schon ein ganz besonderer Mensch sein, durfte nicht ausgegrenzt werden. Man sollte es sich nicht verscherzen mit diesen Geistern.

Im modernen Afrika hat sich in den letzten Jahrzehnten, beschworen durch fanatische Prediger christlicher Sekten, der Glaube verbreitet, dass die Epilepsie so wie jedes andere Ungemach, das eine Familie, ein Dorf betrifft, durch Hexerei ausgelöst wird. Man wird verhext und kriegt deshalb Anfälle. Wenn man selbst keine Kontrolle über seinen Körper und seine Bewegungen hat, dann muss da jemand anders diese Kontrolle übernommen haben.

Oft aber können Epilepsiekranke selbst Hexen oder Hexer sein, zumal wenn es sich um Kinder handelt. Irgendwer muss ja verantwortlich sein für die Arbeitslosigkeit, die wirtschaftliche Not, für Krankheiten wie Aids, für alles Elend. Überschüssige, von der Familie nicht mehr zu ernährende Kinder müssen herhalten, auffällig geworden durch übermäßige Frechheiten, seltene Krankheiten oder andere Anomalien, für verhext erklärt, die vom bezahlten Exorzisten empfohlenen Behandlungen haben nicht angeschlagen, Verbrennungen, Verätzungen, das Loch im Kopf und weitere Torturen haben Narben hinterlassen, aber nicht den bösen Geist ausgetrieben, und schließlich werden sie selbst ausgetrieben, ausgestoßen, ausgesetzt. Tausende, Zigtausende von ihnen treiben sich auf den Straßen Kinshasas herum, der größten Stadt Afrikas, bilden zusammen mit Kindern, die vor der Gewalt oder Armut in ihren Familien geflohen sind, mit Aids-Waisen und ehemaligen Kindersoldaten umherstreifende Banden, ernähren sich von dem, was sie stehlen können, was gelegentliche Prostitution einbringt, was sich im Abfall oder bei den karitativen Einrichtungen in der Stadt auftreiben lässt.

Wer von ihnen Glück hat, landet bei Einrichtungen wie dem *Espace Masolo*, dem Ort des Dialogs, es geht also darum, miteinander zu reden. Vornehmlich die Kinder selbst, sie sollen erzählen, was mit ihnen geschehen ist, sollen es sich von der Seele reden, um neuen Mut zu entwickeln. 2003 gegründet, hat dieses Bildungszentrum - auch dank regelmäßiger Spenden aus Frankreich und Deutschland - kontinuierlich fünfzehn bis zwanzig Straßenkinder betreut, kann ihnen zwar keine Unterkunft bieten, dafür gibt es - oft überbelegte - Heime, aber ein Mittagessen und Unterricht. Lesen lernen, schreiben lernen, mehr lernen. Je nach dem, was erforderlich ist oder was die Erwachsenen, die sich hier engagieren, vermitteln können. Da der *Espace Masolo* von drei Künstlern gegründet wurde, stehen auch zunächst künstlerische Aktivitäten im Vordergrund, mit denen sich traumatische, aber auch neue, positive Erfahrungen ausdrücken lassen. Malvine, eine Puppenspielerin, baut mit den Kindern Masken und Großpuppen, schneidert mit ihnen zusammen in der Nähstube Kostüme für die Puppen, Lambert, Schauspieler, integriert mit ihnen die Puppen in ein Theaterspiel, Hubert führt Regie und leitet das Zentrum, ein Musiker zeigt den Kindern, wie man ein paar gespendeten Trompeten, Tuben und Posaunen erste Töne entlockt. Durch künstlerische Projekte sollen die Kinder die Erfahrung machen, auf Gelerntes und Erarbeitetes stolz zu sein, sollen lernen, sich selbst wertzuschätzen.

Der Schauspieler Lambert lernt die Deutsche Steffi kennen, die er später auch heiratet. Steffi ist schon lange mit Winni und Wolfgang befreundet, hat in Deutschland oft Kostüme für das Straßentheater geschneidert und Bühnenbilder konzipiert und gebaut, auch für das *Ernst Musiktheater.* Und so arbeiten Winni und Wolfgang im Juni 2010 einen Monat lang in Kinshasa.

Vor dem Flughafengebäude wartet ein alter Kleinbus, wie sie hier überall fahren, auf die beiden. Erst ist die Straße noch asphaltiert, aber das hört bald auf. Und die dann unbefestigte, staubige Straße wird immer belebter, je näher sie Kinshasa kommen. Als sie die anderen, mit bis zu zwanzig Personen vollgestopften Kleinbusse auf der Straße sehen, wird ihnen bewusst, dass sie jetzt wirklich ganz woanders sind. Da hängen Menschen an den türlosen Ausstiegen, stehen auf der hinteren Stoßstange, hocken auf den Dächern und krallen sich an der Reling fest, so viel Staub wirbelt auf, so viele ungefilterte Abgase, dass außer den direkt neben ihnen fahrenden Autos nichts mehr zu erkennen ist. Es gibt keine Fahrspuren, aber auch offenbar keine Übereinkunft, wie viel Platz Verkehr und Gegenverkehr auf der Straße einzuhalten haben, der Fahrer steuert hupend und rufend dahin, wo sich gerade Lücken ergeben. Von der Stadt haben sie nichts gesehen, als sie ihr Ziel erreicht haben.

Eine hohe Mauer umgibt das Grundstück, das einstöckige Gebäude wird nur selten genutzt, hier ist die Nähstube und in ein paar kleinen Kammern kann man auf zusammengehauenen Pritschen schlafen, aber eigentlich spielt sich alles draußen im Hof vor dem Haus ab, im Schatten der Mauern. Neben dem Gebäude wird an einer Seite gekocht, auf offenem Feuer. Wasser ist rar, muss in Eimern herbeigeschafft werden, sobald mal wieder Druck auf den Hydranten ist; das Trinkwasser kommt nur in Flaschen, zwei Liter bekommt jeder am Tag. Es gibt keine sanitären Anlagen, man hockt sich über ein Erdloch an der anderen Seite des Hauses, um sich zu erleichtern, schaufelt dann etwas Erde über seine Hinterlassenschaft.

Steffi, Lambert, Wolfgang und Winni wuchten die Kisten mit Instrumenten aus dem Laderaum des Fahrzeugs. Bei Blaskapellen in Deutschland gesammelte, ausrangierte Trompeten, Posaunen, Saxofone und Klarinetten, ausgebeult, geölt, manche haben schon neue Klappen und Ventile bekommen, alle sind einsatzbereit.

Im *Espace Masolo* gibt es inzwischen schon eine kleine Blaskapelle, die *Fanfare Masolo,* und sie stellt sich ihnen stolz vor. Gelegentlich spielt sie bei Beerdigungen in der Stadt und kann so auch etwas Geld einbringen in den Etat des Zentrums. Was Wolfgang und Winni zu sehen und zu hören bekommen, ist aber eher ein Tanz, ein in seiner Rhythmik und Spontaneität faszinierender Tanz, strahlend vor Lebensfreude. Die wenigen Blasinstrumente, die bisher durch die Kooperation mit französischen Partnern hier gelandet sind, begleiten die Bewegungen: Da quiekt ein Kornett, heult eine Trompete, furzt eine Tuba. Immerhin gelingt es den Kindern schon, Tonabfolgen zu spielen. Nious Lulemba heißt der Musiker, der bisher mit ihnen gearbeitet hat. Aber Ventile klemmen, Stimmzüge sind nicht ausgerichtet, der Kork an den Wasserklappen fehlt, und die wunderbar rhythmisch hervorgestoßenen Töne können auf diese Weise höchstens zufällig mal miteinander harmonieren. In den Wochen, die sie hier verbringen, reparieren Winni und Wolfgang mit den Kindern die alten Instrumente, setzen ihre mitgebrachten neuen ein, und die Blaskapelle wächst auf fast zwanzig Mitglieder an.

Winni spricht Französisch, Wolfgang weniger, manche Kinder auch nur rudimentär, obwohl das die Amtssprache im Kongo ist. Aber da gibt es kaum Probleme, weil sich beim Erlernen von Grundtechniken das meiste besser am praktischen Beispiel zeigen lässt. Winni übernimmt die Saxofone und Klarinetten, Wolfgang das Blech. Beide erleben, wie schnell und begierig die Kinder alles aufnehmen, was ihnen beigebracht wird, so die bis jetzt unbekannten Tonleitern, wie sie das hingebungsvoll und unablässig üben, sodass sie es schon am nächsten Tag einsetzen können. Immer mehr können die beiden ihnen abverlangen, immer schneller stellen sich Lernerfolge ein, immer freudiger spielen die Kinder.

Die strenge Disziplinierung, der sie hier unterworfen sind, ist gar nicht nötig, findet Wolfgang. Kindern, die mehrmals nicht pünktlich erscheinen, wird mit Rausschmiss gedroht - ein seltsamer Widerspruch zu der Erfahrung, die die Deutschen hier mit Erwachsenen machen, die zu Verabredungen ganz selbstverständlich eine Stunde verspätet erscheinen. Sie denken in Zeitfenstern. Von den Kindern aber wird erwartet, dass sie Zeitpunkte einhalten, wenn sie weiter lernen und ihre Mittagsmahlzeit erhalten wollen? Auch der Umgangston, den die Betreuer hier pflegen, erscheint Wolfgang zu hart. Geht nicht anders, sagt Lambert, die sind in völlig hierarchischen Strukturen aufgewachsen, spätestens seit sie sich in Gangs herumgetrieben haben, sind sie nur Befehl und Gehorsam gewohnt. Als ein vermeintlicher Dieb gesucht wird, stellt Lambert den Verdächtigen zur Befragung in die pralle Mittagssonne, während er selbst mit einer Rute im Schatten steht. Wolfgang und Winni wenden sich schockiert ab, wissen nicht zu reagieren, während alle anderen Kinder scheinbar völlig unbeeindruckt sind. Die kennen das gar nicht anders, sagt Lambert. Die haben schon so viel Schlimmes erlebt.

Da ist Cécile, die mit ansehen musste, wie ihr kleiner Bruder als Hexer in einem Autoreifen verbrannt wurde. Als ihre Mutter starb, kam sie mit ihren Geschwistern kurz bei einer Tante unter, als auch diese starb, galten die Kinder in der Sippe als verhext, sollten als Sündenböcke getötet werden, Cécile konnte fliehen, bevor die Reihe an sie kam, da war sie vielleicht zehn Jahre alt. Genau weiß sie es nicht; keines der Kinder kennt sein Alter, keines feiert Geburtstag. Bei Claude waren es die eigenen Eltern, die ihn verstießen. Als es in der Familie große Probleme gab - welche, weiß er nicht, aber vermutlich wirtschaftliche -, fiel der Verdacht auf die jüngsten Kinder, nämlich ihn und seine kleine Schwester, Hexen zu sein. Um sicher zu gehen, fragten die Eltern den Priester. Der sagte, nicht die kleine Schwester sei schuld an der Misere, sondern er, Claude. Er hatte Glück, er wurde nicht misshandelt, er wurde nur verstoßen und landete dann auf Umwegen im *Espace Masolo*. An vielen der Schicksale gerade hier in Kinshasa scheinen Priester beteiligt zu sein, die um Rat gefragt wurden, Priester, deren donnernde Predigten auch hier im Viertel manchmal zu hören sind, von staunenden, ehrfürchtigen Massen umlagert. Wenn sie das erleben, diese Stimmen hören, muss es den Kindern so vorkommen, als würden sie noch ein zweites Mal verstoßen.

Und doch scheint ihre Konzentrationsfähigkeit nicht beeinträchtigt zu sein, sobald es um die Musik geht. Sie haben all das geschafft, was Wolfgang bis zum Mittagessen mit ihnen üben wollte, haben noch ein paar Minuten Zeit, und er bietet den Kindern an, Fragen zu stellen. Claude meldet sich, aber als Ruhe eingekehrt ist, rückt er nicht gleich mit der Sprache raus.

Nun sag schon.

Ist Trompete eigentlich gesund?

Wie meinst du das?

Ich habe da ja immer so einen Druck im Kopf, besonders wenn ich versuche, die hohen Töne zu spielen.

Ja, ich auch, ruft Pierre, und andere fallen ein.

Das ist ganz normal.

Aber mir hat jemand gesagt, davon würde man blöde. Da wird das Gehirn zusammengepresst und man wird bekloppt. Irre.

Aber nein, das ... Wolfgang wird laut, um verstanden zu werden in dem aufgeregten Geraune, was jetzt entstanden ist. Aber man scheint ihn gar nicht zu hören.

Doch, mir hat das auch jemand erzählt, ruft Gloire.

Und noch was, noch was, noch was!, schreit Natalie.

Was denn?

Jetzt, da man sie endlich hören kann, wird sie so leise, dass keiner sie versteht.

Was denn? Noch mal!

Man kann keine Kinder mehr kriegen.

Claude zeigt auf seine Genitalien und grinst schief. Die Jungen lachen.

Nein, ihr nicht! Die Frauen. Die werden ...

Was?

Stérile, infertile, ruft Pierre und ist offenbar stolz, diese Wörter zu kennen. Cécile nennt das Lingala-Wort. Und noch das für Fehlgeburt.

Die anderen reagieren heftig, einige nicken, andere kichern immer noch.

Jetzt reden alle miteinander und Wolfgang versteht kein Wort. Er sieht sich nach Lambert um, winkt ihn heran. Lambert kommt, sorgt für Ruhe und übersetzt. Wolfgang versucht, so gut es geht, die Gerüchte zu widerlegen, erklärt und demonstriert die Bauchstütze, die Kompensation des Überdrucks, und zeigt mit den Händen, dass dieser Druck gar nicht bis in die Genitalien wandern kann, macht einen Witz darüber, hat die Lacher auf seiner Seite und ist froh und erleichtert, als die Kinder ihm endlich zu folgen scheinen. Er hat es geschafft.

Dann werden sie zum Essen gerufen, die Frauen haben neben dem Haus in Bottichen Maniok und Kochbananen gestampft und über dem Feuer zu dem dampfenden Foufou verarbeitet, das jetzt vor ihnen auf den Tellern liegt. Auch Winni ist mit seiner Gruppe zum langen Tisch im Hof gekommen und setzt sich zu Wolfgang. Die Kinder beobachten die beiden, lauschen auf die ihnen fremden deutschen Worte, schließen aus Wolfgangs Gesten und Winnis Lachen, dass jetzt gerade von ihnen erzählt wird, von ihren Fragen nach Unfruchtbarkeit und Blödheit.

Und dann sehen sie, wie Wolfgang plötzlich die Augen verdreht, in sich zusammensinkt, sie hören, wie aus den deutschen Worten ein kraftloses Lallen wird. Wolfgang, der ihnen gerade erklärt hat, dass einen das Trompetenspiel nicht verrückt macht, dieser Wolfgang ist selbst verrückt geworden.

Die fürsorglichen Freunde Winni und Steffi haken ihn unter und bringen ihn jetzt, glotzäugig, offen stehender Mund, ins Haus, in seine Kammer, legen ihn vorsichtig auf die Pritsche, wo er die nächsten drei Stunden tief schläft.

Die Kinder warten darauf, dass sie wiederkommen, dass ihnen erklärt wird, was da gerade geschehen ist. Und es dauert lange, bis sie den Erwachsenen schließlich glauben, dass Epilepsie kein Irrsinn ist und schon gar nichts mit der Trompete zu tun hat. Kleine Zweifel bleiben, ihre Befangenheit spürt Wolfgang deutlich, als sie am nächsten Tag wieder mit ihm zusammenkommen. Aber dann nehmen die Instrumente sie schnell gefangen, es geht weiter.

Wenn er an diese Wochen zurückdenkt, fällt Wolfgang auf, dass er, was seine Krankheit betrifft, völlig unbesorgt gewesen ist. Weder vor noch nach dem Anfall hat er daran gedacht, was mit ihm geschehen könnte, wenn er hier auf offener Straße einen Grand Mal erlebte. Was, wenn sein Vorrat an Medikamenten nicht ausreichte, weil ein Gepäckstück verloren ginge? Wenn er ins Krankenhaus müsste, ohne sich dort erklären zu können. Ob es im Viertel überhaupt ein Krankenhaus gäbe? Kein ihm vertrauter Arzt erreichbar - da ist nur Winni. Ihm wird bewusst, wie viel Sicherheit der Freund ihm vermittelt hat. Winni wüsste schon, was zu tun wäre. Vielleicht hat er sich deshalb keine Sorgen gemacht. Aber bestimmt auch, weil er kaum Zeit hatte, in sich hineinzuhorchen. Alles so neu, alles so ungewohnt. Und so viel zu tun.

Sie stehen unter Erfolgsdruck. In diesen vier Wochen muss viel geschehen. Am Ende soll ein kleines Musiktheaterstück herauskommen, mit dem sieben Kinder zusammen mit Winni und Wolfgang auf Tournee gehen, Aufführungen in mehreren Städten sind geplant, in Bochum beim Festival Figurentheater der Nationen, in Berlin und Stuttgart. Die Grundstruktur haben Steffi und Lambert schon vorher festgelegt, doch die einzelnen Szenen müssen noch in Improvisationen erarbeitet werden, Hubert führt Regie. Gleichzeitig üben die Kinder mit Winni und Wolfgang die Musikstücke ein. Viel Arbeit.

Am Abend verlassen die Kinder das *Espace Masolo,* einige gehen zurück in von Nonnen oder Mönchen geleitete Waisenhäuser, wo sie ein Bett in einem Schlafsaal erwartet, eine einigermaßen verlässliche Ordnung mit Tisch- und Reinigungsdiensten, sanitäre Anlagen und ein Mindestmaß an Betreuung. Andere aber gehen in offene Heime, die nichts als Bettgestelle und ein Dach aufweisen. Ein Dach, auf dem oft die verdreckten Schaumstoffmatratzen aus den Bettgestellen zum Trocknen und Auslüften liegen, ansonsten keine hygienischen

Maßnahmen. Und auch kein Schutz vor Übergriffen von außen. Die restlichen Kinder schlafen irgendwo auf der Straße, in Hausecken und Gebäudedurchgängen, unter Dachüberständen oder den spärlichen Bäumen. Am nächsten Morgen sind sie wieder da, sehr darum bemüht, pünktlich zu erscheinen. Und sie machen weiter, voller Energie. Bei manchen zeigt sich während der Proben, dass sie ihre am Tag zuvor entwickelten Texte in der Nacht geübt haben.

Das Stück heißt „King Kongo" und schildert holzschnittartig und mit vielen Bühnengags und Slapsticks die Geschichte des Kongo, vom Stammesleben über die mit der belgischen Besatzung einsetzende Ausplünderung des Landes, die Unabhängigkeit 1960, die Ermordung Lumumbas bis hin zum Putsch Mobutus, den der kleine Gloire mimt. Seine Haltung, die Sonnenbrille und die Fellmütze, die ihm die Königswürde verleihen soll, reichen aus, den Diktator zu erkennen. Eine Mütze, die hier Macht ausstrahlt, Gefahr signalisiert, in Westeuropa und den USA dagegen immer nur ein Modeartikel war, über den sich Bob Dylan damals in seinem Song vom *Leopard-Skin Pillbox-Hat* lustig machte. Auch „King Kongo" macht sich lustig - über die Figur Mobutu. Ansonsten bleibt das Stück bei allem Humor durchaus ernsthaft, die kleinen Darsteller spielen die große Geschichte und wirken damit an keiner Stelle lächerlich.

Am 30.Oktober 1974 war Dylans Song acht Jahre alt, der Kongo hieß noch Zaire, Cassius Clay schon Muhammad Ali, und in Kinshasas Stadion fand der „Rumble in the Jungle“ statt, der als größter Boxkampf aller Zeiten beworben wurde, Muhammad Ali gegen George Foreman. Der ehemalige Weltmeister, der sich seinen Titel zurückholen wollte, und der Favorit Foreman, der es sich mit dem Publikum verscherzte, weil er - wie einst die Polizei der belgischen Besatzer - mit einem deutschen Schäferhund auftrat. Beide schwarz, aber Kriegsdienstverweigerer und Gegner des Vietnamkrieges der eine, Vertreter der arroganten USA der andere, deretwegen der Kampf für 4 Uhr 30 angesetzt wurde, damit die TV-Sendezeit für die Vereinigten Staaten stimmte. Große Werbung für Mobutu. Trotzdem traten im Konzertprogramm James Brown, B. B. King und die *Mama Africa* auf: Miriam Makeba. Und trotz der unmöglichen Zeit sahen hier im Stadion hunderttausend Zuschauer zu, wie Ali seinen Gegner aus den Seilen heraus ermüdete und schließlich auf die Bretter schickte.

Und genau hier, in diesem Stadion, 1952 noch vom belgischen König Baudouin auf seinen Namen eingeweiht, von Mobutu umbenannt in „Stade du 20 Mai“ nach dem Tag der Gründung seiner Einheitspartei, jetzt „Stade Tata Raphaël“ nach einem belgischen Missionar, hier präsentieren die sieben Kinder all denen, die nicht mitreisen können, zum ersten Mal Teile ihres Stückes „King Kongo“. Das Stadion selbst ist zur Ruine verfallen, der Rasen zugewachsen, die Stufen der Tribünen überwuchert. Ein dickes Kabel, aus dem bunte Stränge heraustreten, davon einige mit blanken Enden ohne Isolierung, verweist darauf, dass es hier auch mal richtige

Flutlichter gegeben hat. Erst im nächsten Jahr wird man daran gehen, das Stadion zu überholen, bald werden hier wieder Fußballspiele stattfinden.

Aber jetzt steigt Gloire Mbawayama, mit Sonnenbrille und Leopardenmütze, gemessenen Schrittes die freigelegten Stufen der Tribüne hoch, legt eine Kunstpause ein und blickt sich langsam um, bevor er würdevoll und ernst zu seinem Volk spricht.

In Bochum, Berlin und Stuttgart spielen sie, verglichen mit dem riesigen Stadion, auf kleinen Bühnen, werden aber groß gefeiert. Steffi, Winni und Wolfgang waren in Kinshasa im Viertel des *Espace Masolo* als Weiße eine Sensation, hier in Deutschland sind es jetzt die schwarzen Kinder, die überall beachtet werden, wenn sie ihre kleinen, lauten Blechblasparaden spielen und tanzen. Sie werden beklatscht, gelobt, befragt, gefilmt.

Im selben Jahr noch gründet sich das Wuppertaler Gegenstück zur *Fanfare Masolo,* die *Belakongo*-Blaskapelle, wächst schnell auf vierzehn Kinder an, und Winni übt mit ihnen die afrikanischen Stücke ein, sodass beim nächsten Besuch im folgenden Jahr erste Treffen stattfinden können. Denn die sieben, zusammen mit Nious, Lambert und Hubert kommen wieder, haben gleich zwölf Aufführungen in Straßburg, Berlin, Herne, Münster, Leverkusen und Wuppertal. Und auch in den weiteren Jahren kommt die *Fanfare Masolo* noch mehrmals zu Besuch, die Gruppen vereinigen sich zu gemeinsamen Konzerten, bei denen die Deutschen wunderbar sauber spielen, aber so sehr an den Noten kleben, dass ihre einstudierten Bewegungsabläufe darunter leiden, sie wirken immer noch etwas steif und ungelenk, verglichen mit den hüftschwingenden Kongolesen, die allerdings die Töne nicht immer genau treffen.

Bei jedem ihrer Besuche, die jeweils von deutschen und französischen Kooperationspartnern finanziert werden, fehlen am Ende ein bis zwei der älteren Kinder, sie sind getürmt, abgehauen, inzwischen jugendlich, und sich dessen bewusst, dass sie diese Chance, nach Europa zu kommen, nicht noch einmal haben werden. Von einigen hört man noch ab und zu, andere scheinen völlig und für immer verschwunden.

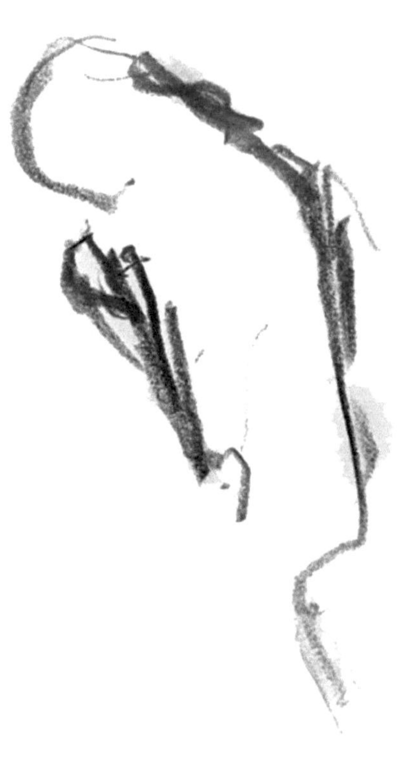

7 AUF NULL

Eine Krankheit annehmen.

Aber wenn sie einfach gar nicht da ist?

Wolfgang glaubt schon, dass es sie gibt, diese seltsame Krankheit Epilepsie, glaubt den Ärzten, die sie bei ihm konstatiert haben. Er glaubt auch, dass er sie hat, er, Wolfgang. Er glaubt den Zeugen, die ihn bei einem Grand Mal erlebt und ihm ihre Beobachtungen schonend mitgeteilt haben. Er glaubt an diese Krankheit, obwohl sie gar nicht da ist. Denn in den Momenten, in denen sie sich mitteilt, in denen sie zuschlägt, in diesen Momenten ist er selbst nicht da. Er ist ausgeknipst, er ist gar nicht dabei, wenn es passiert. Er glaubt an diese Krankheit, von der er selbst nur bei den Absencen kleine Vorzeichen und Begleiterscheinungen erlebt, er glaubt, aber es ist - trotz Videobeweis, damals, beim Intensivmonitoring in Kleinwachau - immer noch ein abstrakter Glaube. Der Blutschwamm hingegen, der vermutlich von Geburt an in seinem Schädel saß, diese arterielle Missbildung war sehr konkret, den konnte man genau verorten, und der war vor der OP in Essen und der Bestrahlung in den USA die eigentliche Gefahr. Der war im Laufe der Jahre von Erbsen- auf Hühnereigröße gewachsen und er hatte geblutet beim ersten Grand Mal, zum Glück nur kurz, sonst wäre Wolfgang daran gestorben. Aber er wurde damals verklebt und geschrumpft, jetzt kann die Zyste, die davon noch geblieben ist, weder Blut saugen noch spucken und so eigentlich nicht mehr gefährlich werden.

Kann sie doch. Die diesjährige Routine-Untersuchung findet im Krankenhaus von Herdecke statt. Dr. Mayer hat Wolfgang gesagt, er stehe in ständigem Kontakt mit seinem Kollegen dort, und Wolfgang könne sich die weite Anreise nach Kleinwachau sparen. In Herdecke ist er in zwanzig Minuten.

Die Zyste ist wieder gewachsen, sagt Dr. Mayers Kollege, sie konnte zwar kein Blut mehr aufnehmen, dafür wohl aber Gewebeflüssigkeit, sie ist größer geworden, hat aufs Sprachzentrum gedrückt und so die Anfälle ausgelöst. In einer Operation lasse sich diese Gefahr beseitigen. Wenn man drainiere, der vollgesogenen Zyste die Möglichkeit gebe, Wasser zu lassen, bestehe Aussicht, dass sie wieder schrumpfe.

Vielleicht meine Schuld, denkt Wolfgang. Er erinnert sich, dass man ihm in Charlottesville zwei Jahre Schonzeit empfohlen hatte, damit auch nach der Bestrahlung immer noch verbliebene Gewebereste keinem Druck ausgesetzt würden. Aber er hatte damals viel zu tun, freute sich, wieder auf der Bühne stehen zu können, hatte viel zu früh wieder gearbeitet, Trompete gespielt.

Auch jetzt, Ende 2010, hat er viel zu tun. Er wird für eine kleine Rolle in einem Spielfilm angefragt, er ist jetzt über fünfzig und probt mit Winni und zwei weiteren Mitspielern ein kleines Bühnenprogramm übers Altern ein, und da ist auch noch das *theatre du pain* mit neuem Programm.

Endproben in Wuppertal, Jean, der Tänzer, der damals mit ihm und Peter Kowald in Griechenland war, führt Regie. In der Mittagspause gehen Wolfgang und Hans ins Café an der Ecke, bestellen Kuchen für alle, nehmen am Stehtisch noch einen Kaffee, während sie auf die Bestellung warten.

Er hat die Tasse gerade abgesetzt, als er umfällt, und so verbrüht er sich nicht, landet nur hart auf dem Holzboden. Aber das merkt er nicht; erst als er wieder zu sich kommt, spürt er die Prellungen. Ein Grand Mal, er hat gekrampft, sagt Hans, der sich um ihn kümmert, ihm auf die Beine hilft, ihn zu den anderen bringt. Dann muss Hans noch einmal zurück ins Café, den Kuchen holen. Aber der Appetit ist ihnen vergangen.

Die Premiere ist für den übernächsten Tag angesetzt. Ich schaffe das nicht, sagt Wolfgang, wir müssen absagen oder ihr müsst das Stück umbauen, rechnet nicht mit mir. Ich höre auf. Nicht nur mit dem Stück, nein, ganz, ich mache nicht mehr weiter, es geht nicht, ich bin am Ende. Er weint, er schluchzt.

Du gehst jetzt nach Hause, ruhst dich für den Rest des Tages aus, und dann kommst du morgen wieder zur

Probe, sagt Hans. Es geht nicht nur darum, das Stück zu retten, es geht auch um ihn, er muss wieder aufgerichtet werden. Wir machen das nicht ohne dich, sagt Jean. Der Bischof braucht einen Messdiener, sagt Mateng, und am nächsten Tag proben sie wieder die Eingangsszene des neuen Programms, in der Mateng im Ornat mit Mitra und Wolfgang in rotem Talar und weißem Rochette auftreten. Der Bischof küsst seinen Messdiener so liebevoll, dass der Missbrauchsskandal der katholischen Kirche in scheinbarer Harmlosigkeit erstickt und dadurch noch unheimlicher wird.

Wolfgang hat sich gefangen, er funktioniert wieder, das Programm kann laufen, das *theatre du pain* tourt. Er ist seinen Mitspielern dankbar, dass sie ihm zugeredet haben.

Aber dann kommen wieder diese Absencen.

Nicht während der Auftritte, gottseidank. Doch sie sind deutlich genug, häufig genug, zuerst jede Woche eine, dann jede zweite, dass sie ihn auf der Bühne verunsichern. Es kann jederzeit und überall passieren, die Angst davor begleitet jeden Auftritt. Nicht während der musikalischen Nummern, da ist er sicher, da funktioniert er. Trompete, Tuba, Euphonium spielen sich fast von selbst, die Stücke, Melodiefolgen, Töne, Einsätze sitzen, er kann sie ohne Probleme von der zuständigen Hirnhälfte abrufen. Es sind die Texte, die mühsam auswendig gelernten, die plötzlich verschwinden können - mitsamt allen Wörtern, die er jemals gelernt und benutzt hat, das gesamte Sprachzentrum in der anderen Hirnhälfte wird auf null gesetzt. Auf einmal ist nichts mehr da, ein Loch statt all der Wörter.

Wenn er sich von einem Anfall erholt, kommt das Sprachzentrum dann allmählich zurück, wie beim abgeschalteten PC, der wieder hochgefahren werden muss. Doch das dauert. Zwei bis drei Stunden vergehen, bis Sprache wieder verfügbar ist.

Er kann sich nicht auf sich verlassen.

Manchmal fragt er sich, ob er es eigentlich noch immer verantworten kann, Auto zu fahren, am Steuer zu sitzen. Noch fährt er, wenn die Reihe an ihm ist, bei den Touren den Bus, und Hans, Mateng und Madita, die Bühnentechnikerin, können sich ausruhen. Bis jetzt haben sie noch nicht erkennen lassen, dass ihnen dabei unwohl ist. Aber vermutlich hat alle dabei auch mal eine stille Angst beschlichen.

Er entschließt sich, den Vorschlag aus Herdecke anzunehmen. Eine Operation, die die Zyste wieder schrumpfen lassen soll. Er bekommt einen Termin im März, wird dann mehr als zwei Wochen im Krankenhaus verbringen.

Dazu muss er Termine des *theatre du pain* absagen, auch die zweite Tour der *Fanfare Masolo* durch Frankreich und Deutschland kann er nicht begleiten, das sind unangenehme Telefonate. Aber Hans und Mateng machen zu zweit weiter, und Winni beruhigt ihn, auch die *Fanfare Masolo* kann ohne ihn touren.

Ein anderes Telefonat schiebt er noch vor sich her.

Der Tag vor der Operation. Die Voruntersuchungen sind gelaufen, Wolfgang soll draußen im Garten vor dem Haus noch etwas spazieren gehen, das beruhige, hat man ihm gesagt. Aber eigentlich geht er nur auf und ab. Und dann ruft er endlich Dr. Mayer in Kleinwachau an.

Drainieren wollen die?

Ja, morgen.

Hmh.

Ist etwas nicht in Ordnung damit?

Doch, doch, machen Sie ruhig.

Aber?

Kein Aber. Die wissen schon, was sie tun.

Pause. Wolfgang fühlt sich unbehaglich.

Nein, keine Angst. Falsch ist es nicht. Und kann jedenfalls nicht schaden.

Keine Angst? Oh doch.

Da ist nicht nur das Zögerliche in Dr. Mayers Stimme, das er immer noch im Ohr hat und das ihn daran zweifeln lässt, die richtige Entscheidung getroffen zu haben. Da ist auch der Respekt vor der Operation selbst. Immerhin wird ihm da gleich der Kopf aufgesägt, ein fünfzehn Zentimeter langer Spalt wird neben seinem linken Ohr klaffen, um die Röhrchen aufzunehmen, die der Zyste das Wasser abgraben sollen.

Aber jetzt gibt es eh kein Zurück mehr. Er liegt im OP-Hemdchen lang ausgestreckt in seinem Bett, wartet darauf, vom kalten Flur in den Operationsraum geschoben zu werden, sieht an die Decke, versucht, nicht mehr daran zu denken, sondern sich stattdessen ganz auf die Neonröhre über ihm zu konzentrieren, dann auf den kleinen grauen Fleck daneben. Als es ihm endlich gelungen ist, spürt er einen Ruck, sein Bett wird bewegt, und die Angst kehrt sofort zurück. Erst der Anästhesist kann sie ihm schließlich nehmen.

Er ist erst seit zwei Wochen wieder zu Hause, die Wunde am Kopf ist noch nicht vernarbt, die nachgewachsenen Haare sind noch zu kurz, um die kahl rasierte Stelle zu bedecken, als ihn die nächste Absence trifft.

Da bist du mal wieder sprachlos, was? Da bin ich wieder, sagt die Krankheit, mach was du willst, mich wirst du so schnell nicht los. Falls du je daran gezweifelt haben solltest: Es gibt mich. Deine Zyste mag kleiner geworden sein, aber ich bin immer noch da.

Nicht nur die Zyste, auch ich selbst bin kleiner geworden, denkt Wolfgang.

Den April verbringt er in Bethel, eine lange Reha entsprechend der Größe des Eingriffs, hinzu kommt eine Medikamentenumstellung.

They tried to make me go to Rehab, singt Amy Winehouse, but I said no, no, no.

Keine Rehabilitation, keine Wiederherstellung des ursprünglichen Zustands, weder dem der Ehre, indem man von seiner Schuld freigesprochen wird, noch dem des Körpers, wie er vor der Sucht war. Kein Reset. Denn die Sucht hat sich hineingefressen in die Identität, sie gehört inzwischen zur Person Amy Winehouse, Entzug, Austrocknung durch eine Reha, scheint all das zu bedrohen, was sie ausmacht. Ein Kahn, der trockengelegt wird, der bewegungslos am Ufer liegt.

Bei Fallsucht gibt es keinen Entzug. Wolfgang wäre gerne wiederhergestellt, so, wie er vor dem ersten Grand Mal war, anfallsfrei, epilepsiefrei. Es wäre so schön, all das mit einem Male loszuwerden, statt es immer wieder mühsam integrieren zu müssen in das Bild von sich selbst. Die Krankheit annehmen. Leicht gesagt.

Vielleicht sollte man auch mal von einer anderen Seite an die Sache herangehen, meint Hausarzt und Freund Mike, der inzwischen auch als Psychotherapeut arbeitet. Der erste Grand Mal vor zwanzig Jahren ließ sich ja noch klar herleiten, ausgelöst durch den enormen Druck, der im Kopf entstanden war, als Wolfgang mit zugeschnürter Kehle Trompete spielte, als der Schwamm ausblutete. Aber was, wenn die weiteren Anfälle gar nicht organisch, sondern eher psychisch ausgelöst wurden?

Natürlich, das gibt es, weiß Wolfgang.

Und wenn sich da ein Muster herausgebildet hat, das fortwirkt?

All die Anfälle, die großen und die kleinen, hast du noch gar nicht richtig verarbeitet, sagt Mike. Und erst recht nicht die Operationen. Nicht so, wie man sonst mit Traumata umzugehen pflegt.

Du meinst also, nicht medikamentös, nicht ... organisch?

Das Gehirn ist auch ein Organ, mein Lieber. Und dem ist nicht nur mit Medikamenten beizukommen.

Vieles lässt sich auch anders reparieren. Versuch es doch mal.

Mike empfiehlt ihm eine psychosomatische Klinik. Er kennt da eine, die er sehr empfehlen kann. Liegt nur nicht gerade in der Nähe.

Wieder eine Reha, also.

They tried to make me go to Rehab, but I said no, no, no.

Im Juli 2011 wird Amy Winehouse mit vier Promille Alkohol im Blut tot aufgefunden.

Wolfgang nimmt am 2. August einen Zug ins Allgäu, zur Hochgrat-Klinik in Stiefenhofen. Als er nach langer Fahrt ankommt, ist er müde und aufgeregt zugleich. Sechs Wochen wird er hier verbringen, sechs Wochen! Anderthalb Bethel-Rehas. Psychosomatisch, man wird also versuchen, ihm auf den Zahn zu fühlen, gründlich, nach innen vorstoßen. Wer weiß, was man findet.

Bei der Aufnahme darf der neue Gast kurz zu Hause Bescheid geben, dass er gut angekommen ist, dann wird das Mobiltelefon eingezogen. Möglichst kein Außenkontakt. Die erste Woche gar nicht, danach darf er höchstens viermal in der Woche anrufen: Franziska, die Eltern.

Das fängt ja gut an, denkt Wolfgang, und setzt sich zum Abendessen in den Speisesaal an einen Platz, der ihm zugewiesen wird. Seine Tischnachbarn wollen ihn freundlich begrüßen, aber er reagiert nicht, starrt vor sich hin, stammelt Unverständliches, ein Anfall. Er fängt sich schnell wieder, hat aber zunächst Mühe, sich zu erklären. Doch sehr bald wissen dann alle, was mit ihm los ist.

Hat auch sein Gutes: Die Klinikleitung, informiert über den Vorfall, bietet ihm jetzt ein Einzelzimmer an, ohne Aufpreis, etwas, das eigentlich nur Privatpatienten zugestanden wird. Wolfgang akzeptiert gerne.

Sechs Wochen wie im Kloster, ohne Gebete, aber mit wiederkehrenden Ritualen. Jeden Morgen werden die Patienten um sechs Uhr geweckt, dann haben sie eine halbe Stunde Zeit, sich zu waschen, anzukleiden, bereit zu halten für die nächste halbe Stunde: eine Wanderung durch die angrenzenden Wiesen, Felder und Waldstücke. Sie bilden Paare, die nicht miteinander reden sollen, damit jede Einzelne die frische Morgenluft, die Landschaft in ihrer Sommergestalt aufnehmen kann, ohne sich in Gesprächen zu verlieren. Gleichzeitig aber sollen sich die Teilnehmerinnen an den Händen halten, sodass sich jede auch aufgehoben fühlen darf.

KANN EPILEPSIE SPASS MACHEN?

Dr. Michael Carnap
Allgemeinmediziner und Psychotherapeut,
Wuppertal

Nein! Niemals! Werden Sie ausrufen, verehrte Leser:innen. Epilepsie macht überhaupt keinen Spaß. Das ist viel zu ernst!

Da kann ich Ihnen nur voll und ganz zustimmen. Voll. Und ganz.

Dennoch: Manchmal muss man die Dinge philosophisch betrachten. Und da gilt nicht nur die Erfahrung, dass hinter jedem Spaß ein Ernst steckt, sondern genauso gut deren Umkehrung: Hinter jedem Ernst steckt auch ein Spaß.

Es geht also um die Dialektik von Spaß und Ernst. Das ist ein ernstes Thema, das eines gewissen Spaßes nicht entbehrt.

Ich lernte das Trio „Ernst" kennen, mit Herrn S. aus W. am Kistenbass sowie an Tuba und Trompete. Diese (Musik-) Theatergruppe widmete sich in ihren Produktionen der Dialektik von Spaß und Ernst.

Bei den Proben zu einem dieser Projekte, welches dem Thema „Grenzerfahrungen" gewidmet war, führte eine offensichtliche Grenz-Überschreitung zu einer ernst zu nehmenden Situation: einem Grand-Mal-Anfall des sein Instrument allzu heftig anblasenden Trompeters, Herrn S. aus W.

Die Konsultation der Notfallambulanz eines hinzugezogenen Krankenhauses war überraschenderweise von wenig ernsthaften Maßnahmen gekrönt. Erst das tags darauf anberaumte Gespräch mit dem später „Mike" genannten Kollegen war zielführend. Denn der, also ich, verstand hier überhaupt keinen Spaß und beraumte sofort ein CT an.

Die Resultate dieser Untersuchung und deren Folgen sind Gegenstand weiterer Beiträge der hier vorliegenden Publikation. Wir aber, Herr S. aus W. und ich, entwickelten eine lebenslange Freundschaft, reisten durch Kuba, Spanien und das Bergische Land, kochten nach den Vorschriften asiatischer Kochbücher, konsumierten griechische Spirituosen in nicht nur homöopathischen Dosen und tauschten uns über das Wesen der Frauen aus. Ein gemeinsames Projekt mit spaßigem Inhalt und ernstem Hintergrund musste leider verschrottet werden, doch seine Rückstände wurden erfreulicherweise zu einem heiteren Bühnenwerk recycelt, Titel: „Molière hat's schwer".

So weit, so spaßig. Doch, wie eingangs bemerkt, hinter jedem Spaß steckt ein Ernst, und der offenbart sich manchmal erst im Laufe der Zeit. Er zeigte sich mir anlässlich einer Performance, die Herr S. als Mitglied der Theatergruppe *theatre du pain*, kurz *TdP*, darbot. Im Kellergeschoss eines finsteren Clubs in der Wuppertal-Elberfelder Innenstadt wurde er durch seine Mitspieler an einem Bein in Richtung Geschossdecke gezogen und baumelte nun zwei bis drei

Meter kopfüber über dem Boden. Wozu auch immer, das ist mir entfallen.

Aber: War das einem Epileptiker zuzumuten? Könnte es nicht einen Anfall auslösen? So viel wusste ich nun auch wieder nicht über Epilepsie. Und was wäre, wenn das Seil reißen würde? Vielleicht inszenierte man ja so etwas auch ganz absichtsvoll, wie seinerzeit der Komponist Mauricio Kagel. Der hatte als Dirigent in seinem Stück „Finale" einen Herzanfall mit Todesfolge erlitten und das Publikum nebst Orchester in Angst und Schrecken versetzt. Doch das war nur gespielt, also Spaß. Der Ernst dahinter bezog sich allerdings auf einen realen Vorfall: den Fall nämlich des Orchesterchefs Joseph Keilberth, der beim Dirigieren von „Tristan und Isolde" am 20.7.1968 am Pult zusammenbrach und verstarb. Und zwar nachdem das Liebespaar gerade verkündet hatte: „So stürben wir, um ungetrennt, ewig einig ohne End', ohn' Erwachen, ohn' Erbangen, namenlos in Lieb' umfangen..."

Stünde nun auch mir, in der Poststraße zu Wuppertal, fünf Meter unter der Erde, Ähnliches bevor? Wann sollte ich, müsste ich, eingreifen? Und was könnte ich überhaupt tun? Unter Umständen machte ich ja die ganze schöne Inszenierung kaputt. Herrn Kagel hat man ja auch gelassen, es war immerhin sein 50. Geburtstag. Hätte man das nicht alles mit mir als unfreiwilligem Theaterarzt absprechen müssen? Müsste man in dieser Situation nicht doch auf meine Empfindlichkeiten Rücksicht nehmen? Schließlich würde mich ein Unfall oder ein epileptischer Anfall doch zutiefst erschrecken, zumal ich ja völlig unvorbereitet und ohne Notfallausrüstung unterwegs war. Nein, diese Situation machte keinen Spaß, das war gar nicht komisch, ganz real und jenseits allen absurden Theaters.

In den folgenden Jahren wollte ich den potenziell halsbrecherischen Feldzügen der *TdP*-Hasardeure lieber nicht beiwohnen. Auf unseren gemeinsamen Reisen durch Kuba und Spanien hatte ich wenigstens eine Dosis *7-Chlor-1-Methyl-5-phenyl-3-hydro-1,4-benzodiazepin-2-on* zur Hand – besser bekannt als *Diazepam/Valium*, ein probates Mittel zur Unterbrechung epileptischer Anfälle. Außerdem hätte ich mich damit zur Not selbst beruhigen können, ich bin schließlich auch nur ein Mensch.

Das Zubereiten asiatischer Speisen, das Verköstigen mit griechischen Spirituosen und die Erwägungen über das Wesen der Frauen machten den Einsatz von Diazepam nicht erforderlich. Doch mehr und mehr stellte sich in der Gegenwart von Herrn S. eine quasi beruflich inspirierte Hab-Acht-Stellung ein. Die war vordergründig zwar nicht immer spürbar, insgesamt jedoch eine Variante des „Hinter jedem Spaß steckt auch ein Ernst" – Philosophems.

Nun gut, in mehr als dreißig Jahren bin ich bei Herrn S. nie Zeuge eines leibhaftigen Anfalls geworden: Das kann als rundherum positiv angesehen und als Spaß gewertet werden.

Der Ernst daran: Hier zeigen sich Gegebenheiten, die das Verhältnis zwischen Ärzt:innen und ihrer Klientel prägen. Die teils verdrängten Ängste des Patienten teilen sich dem ärztlichen Gegenüber mit, soweit er/sie dafür offen ist. Keine Frage, die Mediziner sollten offen sein und empathisch umgehen mit ihrer Kundschaft. Aber – sie können sich ihrer Selbstwahrnehmung auch durchaus verschließen. Dann allerdings laufen sie Gefahr, zum pseudo-objektiven Medizin-Techniker zu werden. Schließlich sind wir „keine denkenden Frösche, keine Objektivier- und Registrierapparate mit kaltgestellten Eingeweiden" – so formulierte es jedenfalls der Kollege Nietzsche. Und lassen Arzt und Ärztin die Wahrnehmung ihrer heißen Eingeweide zu, so können sie sich dem Patienten und seinem Problem wirklich stellen, seinem Ernst und seinem Spaß. Die dürfen sie jedoch nicht verwechseln mit ihren eigenen Eindrücken, und überhaupt sollten sie dabei die beständige Interdependenz von Spaß und Ernst beachten.

Ich bekenne, mich immer wieder bei der Frage ertappt zu haben, was ist, wenn er jetzt abstürzt, Herr S. aus W., wenn er einer Absence zum Opfer fällt oder gar krampft?

Ein epileptischer Anfall mit oder ohne Bewusstseinsverlust rührt bei den Augenzeugen aus dem laienhaften Umfeld immer an die Erfahrung des Todes, verbunden mit der Freisetzung entsprechender Ängste. Genau darin besteht auch die Herausforderung für Herrn S.'s Bühnenkollegen – die mit einer Doppelung der Wirklichkeit konfrontiert sind und sich neben der Realität des gespielten Stückes immer auch der „wirklichen" Realität ihres Mitspielers gewahr sein müssen. Das hat seine Grenzen sowohl auf der Bühne wie auch in den privaten Beziehungen, zumal, wenn diese sich – wie im Falle des *theatre du pain* – überschneiden.

Hinzu kommt von Seiten der Zuschauer des *TdP*, also auch von mir, dass der spätdadaistische und vordergründig sinnfreie Charakter der Inszenierungen prädestiniert ist, Verwirrung zu schaffen. Bei allem Spaß mit der ironischen Verfremdung von Wirklichkeit bleibt deren Ernst immer virulent. Der „Ernst", das ist die lustvolle Befragung der Wirklichkeit auf ihren „Sinn", während der „Spaß" dessen spielerische Infragestellung ausmacht.

Letzten Endes sind „Spaß" und „Ernst" zwei Seiten derselben Medaille, deren Namen „Wahrheit" lautet. Die Wahrheit der Epilepsie ist nicht nur der Ernst des leiblichen Vibrierens und der Konvulsionen, der Muskelkrämpfe und des Bewusstseinsverlustes, sondern auch der Spaß an der „Wiederauferstehung" und der Rückkehr zur sinnvoll eingesetzten und steuerbaren Koordination des Leibes.

Wie jede Einschränkung körperlichen Wohlbefindens macht Epilepsie natürlich keinen Spaß. Doch, wenn man will – und wenn es dem Betroffenen gelingt – kann das Leben eines Menschen mit Epilepsie sehr wohl sehr viel Spaß machen, ganz unabhängig vom Bestehen der Störung.

Das jedenfalls habe ich von Herrn S. aus W. gelernt. Diese Haltung teilt er übrigens nicht nur mit mir, sondern auch mit den anderen Protagonisten des *theatre du pain,* vielen weiteren Freund:innen und Kolleg:innen, Bekannten und Unbekannten und den Autoren dieser Publikation.

Es ist wie mit Beton: Es kommt halt darauf an, was man draus macht.... ■

Wie eine Kindergartengruppe folgen sie also jeden Morgen brav den wechselnden Mitarbeitern der Klinik durchs Grüne. Und genau so, wie ein Kindergartenkind, fühlt sich Wolfgang, ganz klein. Er hält beim ersten Mal schon und dann an jedem weiteren Morgen die warme Hand einer Ulrike aus Freiburg, und nach der Wanderung, beim gemeinsamen Frühstück, dürfen sie endlich miteinander reden. Anschließend aber werden sie getrennt und sitzen alle in einer anderen Gruppe, einem anderen Stuhlkreis, wie sie auch im Kindergarten gebildet werden. Aber ohne Betreuerinnen, sie sind sich selbst überlassen, wählen eine Gesprächsleitung aus ihrer Mitte und besprechen Probleme, Beschwerden, ziehen über ihre Therapeutinnen her, machen Witzchen, streiten sich. Im weiteren Verlauf werden sie zu therapeutischen Gruppen- und Einzelsitzungen eingeteilt.

Der Schwerpunkt im Behandlungskonzept der Klinik liegt beim Bonding, bei dem durch körperliche Aktionen, Übungen, Berührungen verschüttete Gefühle ausgelöst werden, aber auch die Geborgenheit wieder hervorgeholt werden soll, die man als Kind gleich nach der Geburt in den Armen der Mutter empfunden hat. Genau das hat Wolfgang als Frühgeburt im Wärmebett und auch gleich danach nicht erfahren, genau das wäre vermutlich eine passende Therapieform. Aber genau daran darf Wolfgang nicht teilnehmen. Niemand möchte nach Wolfgangs Einstand am ersten Tag verantworten, hier einen epileptischen Anfall auszulösen.

Die Bonding-Sitzungen sind täglich am frühen Nachmittag, und da hat er frei, fährt mit dem Rad ins

Dorf und setzt sich einen Espresso lang in die Eisdiele, genießt diese Rückzüge und das Gefühl, sich nur um sich selbst und nicht um andere kümmern zu müssen. Und er genießt die abendlichen Spaziergänge mit Ulrike, bei denen sie sich nicht an der Hand halten, dafür aber miteinander reden. Weniger darüber, was beide hergebracht hat, als über das gute Essen, über Gott und die Welt.

In den Einzelgesprächen gerät Wolfgang an einen sympathischen Therapeuten, der stellt viele Fragen und es fällt Wolfgang leicht zu antworten, es wird fast zu einer Plauderei. Umso überraschender ist das Fazit, das der Therapeut nach etlichen Sitzungen zieht: Ich kriege Sie nicht, Sie flutschen mir weg, Herr Suchner, sagt er, Sie weichen aus, ich komme da nicht ran. Das war Wolfgang überhaupt nicht bewusst, in keiner der Sitzungen hatte er das Gefühl, sich dem Mann zu entziehen. Er fragt nach Beispielen, und als sie ihm genannt werden, versucht er die Situation nachzuvollziehen: Worin bestand denn da das Ausweichen? Als der Therapeut in Urlaub geht und eine Kollegin den Fall übernimmt, weiß Wolfgang immer noch nicht, wie er anders hätte reagieren sollen, was er da in sich verschlossen hat, was er nicht preisgeben will oder kann.

Die neue Therapeutin ist ihm auf Anhieb nicht sonderlich sympathisch, sie wirkt scharf, kalt, streng, humorlos. Aber sie scheint ihn zu knacken.

Es zeigt sich in einer der Nächte nach der Sitzung mit ihr.

Eigentlich schläft er ganz gut hier in diesem klösterlich geregelten Leben. Doch in dieser Nacht wacht er auf, keuchend, voller Angst nach Atem ringend, da hockt etwas auf seiner Brust, ein Monster, er reißt das Fenster auf, kühle Nachtluft strömt in den Raum, aber das Monster ist immer noch da, nicht auf der Brust, aber im Kopf. Das Monster aus dem Traum, das ihn hineingezogen hat in einen engen, nicht enden wollenden Tunnel, einmal sah es kurz so aus wie der Affe von dem Plakat gegen Tierversuche, der Affe, dessen Kopf in den Stahlkäfig eingezwängt wurde, der mit dem angebohrten Schädel. Und es gibt noch weitere Monster, hier im Patientenzimmer, in das das Mondlicht eingefallen ist, überall hocken sie, auf den Bettpfosten, unter dem Stuhl, und wenn er sich ihnen nähert, lösen sie sich auf, werden aber zu Löchern, schwarzen Löchern im Raum, in die er einzusinken droht, schwarzen Löchern in der Zeit, schwarzen Löchern im Kopf.

Irgendwann lösen sich auch die Löcher auf, irgendwann beruhigt sich der Patient. Sein Atem fließt wieder regelmäßig, er fühlt mit einem Mal die Nachtkälte und legt sich ins Bett. Mike hatte Recht, denkt er, diese ganzen Ängste und Aggressionen mussten raus, gut, wenn das auf diese Weise geschieht. Denn sonst sucht der Körper sich einen Weg, und das kann dann auch ein Anfall sein.

Als er nach Hause zurückkehrt, hat der Herbst schon begonnen, die Erde hat sich weitergedreht und auch die zusammen mit Wolfgang geplanten Projekte sind weitergelaufen. Winni hat inzwischen die *Fanfare Masolo* aus dem Kongo mit seiner Wuppertaler Belakongo-Gruppe zusammengeführt, und Wolfgang besucht die Konzerte in Straßburg, Herne und Wuppertal. Es ging auch ohne ihn.

Bei anderen Projekten ist er als Akteur gefragt: Er übernimmt die Regie in einer Fortsetzung der *Bergischen Seifenoper,* die sich jetzt *Bergische Küchenoper* nennt und die Dörte im nächsten Frühjahr aufführen möchte, fährt zu Proben des *theatre du pain* nach Bremen, hat wieder einen eng durchgetakteten Alltag, liest im Zug Dörtes Stück, notiert Ideen, lernt *theatre du pain*-Texte und fühlt sich wohl dabei. Die Reha hat ihn nicht völlig rehabilitiert, ihm aber Kraft gegeben, Selbstvertrauen, Energie. Das muss jetzt eine Weile anhalten, denkt er.

Denn im November geht er mit dem *theatre du pain* auf Tournee, wird mal wieder aus dem Koffer leben, zunächst in Hessen und Baden-Württemberg, in Heppenheim, Rüsselsheim, Stuttgart und Blaubeuren.

Und dann, am 25. November, sollen sie in Lübeck auftreten.

Die für den Auftritt angekündigte Zeit, 20 Uhr, ist schon um drei Minuten überschritten, als Madita zum Backstage-Raum kommt und fragt, ob sie fertig seien. Madita ist schon seit einigen Jahren ihre Bühnentechnikerin, eine junge, zierliche Frau, der man nicht ansieht, wie resolut sie mit den zuständigen Haustechnikern umzugehen weiß.

Seid ihr so weit?

Ja? Da kann ich ja gleich das Saallicht ausmachen. Das könnt ihr sehen, wenn ihr euch da vorne am Vorhang bereitstellt. Im Black könnt ihr dann raus. Alles klar?

Sie verschwindet, es bleibt Zeit für ein kurzes Toi toi toi, sie umarmen sich, klopfen sich gegenseitig auf die Schulter.

Jetzt sollen sie hinter den Vorhang. Und jetzt fällt Wolfgang um.

Er plumpst wie gefällt, haut sich den Kopf auf, blutet, zuckt, zappelt, schreit, schäumt, zieht wilde Grimassen, der ganze Körper wird von wilden Krämpfen geschüttelt. Mateng wird noch zwei Wochen später in Träumen von dem Anblick verfolgt, er hat Wolfgang ja schon bei Absencen erlebt, aber noch nicht bei einem Grand Mal. Hans dagegen hat schon einen mitbekommen, aber der war nicht so groß und heftig.

In der Pause kommt Wolfgang zu sich. Er hört Hans mit Mateng reden, mit Madita, dann mit ihm, mit Wolfgang. Aber der kann noch nicht sprechen.

Hans und Mateng haben gleich nach dem Anfall Madita zurückgeholt, das Publikum informiert und auf eine Verspätung vorbereitet, sich kurz besprochen und dann so viele von Wolfgangs Einsätzen wie möglich auf ihre beiden Rollen verteilt. Madita ist bei Wolfgang geblieben, hat die Lichteinstellung stehen gelassen, sodass die Veranstaltung bis zur Pause ohne Lichtwechsel gelaufen ist. Etliche Übergänge mussten sie improvisieren. Es hat funktioniert, das Publikum hat mitgemacht. Und es wird auch jetzt gleich, nach der Pause, weiter funktionieren, da soll Wolfgang sich keine Sorgen machen, er soll sich weiter ausruhen.

Nach dem zweiten Teil holen die beiden ihn zum Schlussapplaus mit auf die Bühne. Er ist noch ganz benommen, blinzelt im Scheinwerferlicht ins Publikum und lächelt.

Die Drainage hatte offenbar nicht den erwarteten Erfolg.

Deshalb war ich damals am Telefon gleich etwas skeptisch, vielleicht haben Sie das bemerkt, sagt Dr. Mayer. Aber ich konnte Ihnen wirklich nicht guten Gewissens abraten, und die OP war ja schon für den nächsten Tag angesetzt.

In Wuppertal erzählt Rolli ihm von der Weltraummission, die sein Institut gerade vorbereitet.

Ein paar Jahre wird das Ding im All unterwegs sein. Und ob es wirklich klappt, wissen wir erst nachher. Vielleicht stellen wir dann auch fest, dass wir ein paar Millionen in den Sand gesetzt haben. Versuch und Irrtum. Hättest du wohl ein Bier für mich?

Guck doch mal in den Kühlschrank. Und bring mir eines mit.

Rolli verschwindet in der Küche.

Versuch und Irrtum, das gilt ja wohl auch für solche OPs, ruft Wolfgang ihm hinterher.

Rolli kommt mit zwei Flaschen zurück. Nur blöd, wenn es der eigene Kopf ist. Was macht der deine? Hattest du wieder Anfälle?

Diesmal habe ich gezappelt, sagt Wolfgang.
Mit dem Autofahren ist es jetzt vorbei, sagt er sich.

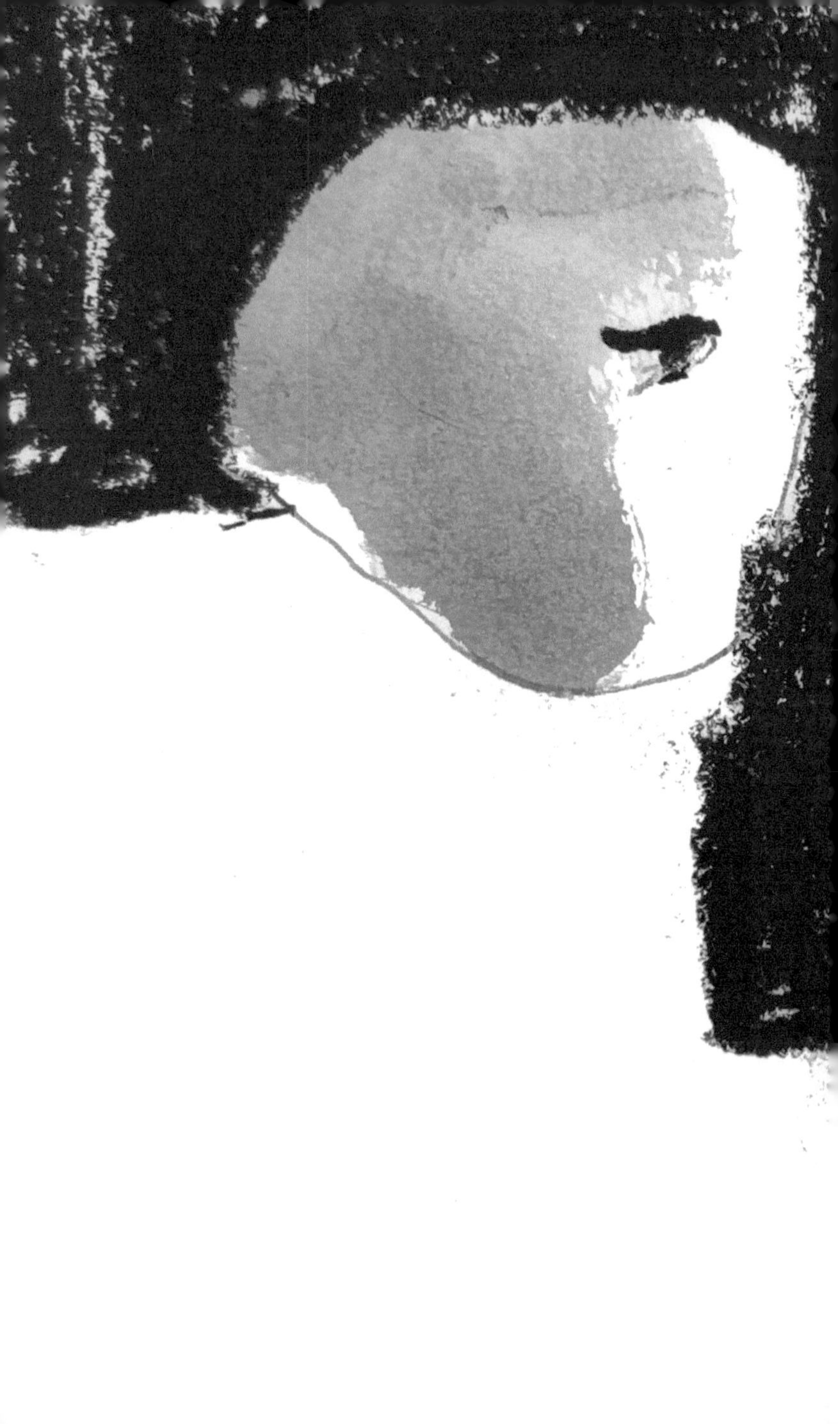

8 LA MORT SUBITE

Menschen mit Epilepsie sterben früher. Von einem zwei- bis dreifach erhöhten Risiko eines vorzeitigen Todes spricht die Statistik. Entweder durch den Anfall selbst, den Grand Mal, der zu grand, zu groß und tödlich gerät. Oder aber durch Verletzungen, die sich der Mensch während seiner unkontrollierten Bewegungen selbst zufügt. Er fällt um, fällt vom Stuhl, haut sich den Schädel auf, stürzt eine Treppe hinunter, in Abgründe, gar ins Wasser. Unfälle durch Anfälle, beim Autofahren etwa, plötzlich keine Kontrolle mehr, weder Körper noch Fahrzeug sind zu steuern, und andere werden mit hineingerissen in ein solches Ende, Gegenverkehr, ahnungslose Fußgängerinnen, Radfahrerinnen. Unfälle beim Baden und Schwimmen, wenn die Überlebensreflexe auf einmal ausgeschaltet sind, die uns sonst an die Wasseroberfläche strampeln lassen und die Luftröhre schließen: Die Lunge füllt sich mit Wasser und man stirbt den Erstickungstod. Oder es tritt ein, was Medizinerinnen einen „plötzlichen unerwarteten Tod“

nennen, SUDEP – Sudden Unexpected Death in Epilepsy –, man weiß nichts Genaues über seine Ursachen, und angeblich ereilt er einen von tausend Epileptikern im Jahr: Sieben bis acht Prozent der Erkrankten sind betroffen. „La Mort Subite“ heißt auch eine alte belgische Biermarke, plötzlicher Tod, benannt nach einem alten, längst vergessenen Kartenspiel gleichen Namens. Vielleicht war man da bei einer bestimmten Karte oder Kartenkombination tot, raus, musste das Spiel plötzlich und vorzeitig verlassen? Ein Glücksspiel eben.

Doch ganz gleich, ob plötzlich und unerwartet oder vorhersehbar: Wann ist ein Tod denn überhaupt vorzeitig?

„... kein Mensch traut seinem Leben weniger, kein Mensch rechnet weniger auf seine Dauer als ich“, sagt Michel de Montaigne im 16. Jahrhundert. *„Ebensowenig lässt mich die Gesundheit, deren ich bis jetzt eine sehr feste und wenig unterbrochene genossen habe, auf ein langes Leben hoffen, als mich meine Krankheiten ein kurzes fürchten lassen. Jede Minute deucht mich, meine Stunde schlage.“* Aber er tröstet sich und uns alle gleich wieder: *„... wenn euer Leben endigt, so ist es ganz vollendet ... Wenn auch dein Alter noch nicht vollendet wäre, dein Leben ist es. Ein kleiner Mensch ist völliger Mensch wie ein großer.“*

Das mag in den Ohren der Mutter, deren dreijähriges Kind gestorben ist, erst mal zynisch klingen, und sie denkt natürlich an all das, was diesem kleinen Menschen entgeht, entgangen ist. Aber vielleicht kann der Gedanke an ein dreijähriges vollständiges Leben sie auch für Augenblicke beruhigen, trösten, erlösen.

Wolfgangs Mutter ist jetzt einhundertvier Jahre alt, und ihr Leben ist noch nicht vollständig, noch nicht vollendet. Sie ist im Vollbesitz ihrer geistigen Kräfte, wie man so schön sagt, was sich aber manchmal auch darin zeigt, wie gut es ihr gelingt, sich Pflegerinnen vom Leib zu halten, um Wolfgang und seine Schwester stärker in die Verantwortung zu nehmen. Ab und zu klopft der Tod an und sie muss ins Krankenhaus, aber er wird noch nicht hereingelassen, nicht ins Krankenhaus, nicht zu ihr: Sie kommt wieder zu Kräften, unterschreibt, dass dies auf eigene Verantwortung geschieht, und geht auf wackligen Beinen nach Hause.

Wolfgangs Schwager, Mittfünfziger, wurde dagegen plötzlich und unerwartet aus dem Leben gerissen, als er in den Alpen mitsamt einer Abbruchkante in der Tiefe verschwand. Gyuszi, ungarischer Herkunft und in England aufgewachsen, seit fünfundzwanzig Jahren mit Wolfgangs Schwester Eva verheiratet, Vater der drei gemeinsamen, fast erwachsenen Kinder, und Wolfgang war über den Verwandtschaftsgrad hinaus mit ihm befreundet. Gyuszi war mit Eva im Urlaub, auf einer Wanderung hatten sie eine kurze Pause eingelegt, um den Ausblick zu genießen. Die Schneeschmelze hatte Gebirgspartien gelockert, Eva hatte sich gerade ein paar Schritte von ihm entfernt, um ein Foto aufzunehmen, drehte sich wieder um zu ihm und er war nicht mehr da.

Jetzt brauchte Eva die Unterstützung ihres Bruders. Wolfgang reiste sofort zu den Kindern, versammelte sie um sich und musste ihre Reaktionen erleben, ohne wirklichen Trost spenden zu können. Dann fuhr er zu seinen Eltern und berichtete, selbst zutiefst betroffen. Heute wundert er sich, in diesen Tagen keinen Anfall erlitten zu haben.

Ein paar Tage später erst fand man Gyuszi, weit entfernt von der Absturzstelle, der Bach tief unten im Tal hatte den toten Körper mit sich genommen. Wie beim dreijährigen Kind fällt es auch hier schwer, bei diesem jähen Tod, von einem vollständigen, vollendeten Leben zu sprechen. Nicht einmal die Wanderung wurde vollendet.

Doch es läuft ja immer irgendein Prozess, ein Vorhaben, eine Entwicklung, die der Tod anhält, beendet und damit vervollständigt. Krönender Abschluss.

2012, immer noch. Wolfgang hat gerade angefangen mit Klaus Huber zu arbeiten, Ideen für ein kleines gemeinsames Programm zu entwickeln. Klaus Huber von *Ars Vitalis,* wie das *theatre du pain* ein skurril-poetisches Musiktheater, wie das *theatre du pain* ein Trio, man kennt sich von Festivals, besucht sich gegenseitig bei Auftritten. Wie Wolfgang hat Klaus, der Schlagzeuger, der aber auch andere Instrumente spielt, einen Hang zu improvisierter Musik, und die beiden versuchen sich in der Kombination ihrer Instrumente mit absurd-komischen Texten, ein vielversprechender Anfang, da erhält Klaus, sechzigjährig, die Krebsdiagnose und ist drei Monate später tot.

Wieder einmal, wie bei Peter Kowalds, bei Willem Breukers Tod, sieht sich Wolfgang zurückgelassen, trauernd, zugleich erinnert an die eigene Gefährdung. Vorzeitiger Tod.

Nicht viel später im selben Jahr, als er mit dem Rad an Peter Kowalds Haus vorbeifährt, sieht er draußen vor der Kneipe Winni stehen. Es wäre noch Zeit für einen Espresso. Wolfgang stellt das Fahrrad ab.

Winni hat Krebs.

Ein multiples Myelom, hat der Arzt ihm gesagt. Knochenmarkkrebs.

Bei mir läuft die Uhr ab, sagt Winni.

Schon seit über zwanzig Jahren leidet er immer wieder unter Rückenschmerzen, und jetzt weiß er, woran es liegt.

Nein, ich werde nichts ändern. Ich werde weiter an dem arbeiten, was ich begonnen habe. Alles läuft weiter, auch wenn absehbar ist, dass es bald mal zu Ende geht.

Er sieht auf die Uhr, trinkt seinen Espresso aus und geht zur Probe mit *Belakongo,* wo er gleich die Fortschritte der Jugendlichen loben und über unpünktliches Erscheinen schimpfen wird.

Wolfgangs Anfälle häufen sich, und er fragt sich, ob sie eine Reaktion auf Klaus' Tod, auf Winnis Diagnose sind. Oder die Folge einer Überlastung: Aufführungen mit dem *theatre du pain* in Bremen und anderswo, versetzt dazu auch Aufführungen der *Bergischen Küchenoper* und Proben zu anderen Projekten in Wuppertal, ständiges Umdenken und Umherreisen. Gleichzeitig fürchtet er, die Zyste sei gewachsen und bedrohe jetzt seine eigene Restzeit. Jede Uhr läuft mal ab.

Nein, sagt Dr. Mayer, als Wolfgang ihm wieder bei seiner jährlichen Untersuchung in Kleinwachau im Sprechzimmer gegenübersitzt, sehen Sie mal, Sie sind jetzt über fünfzig. Das habe ich Ihnen doch schon einmal gesagt: Frauen kommen ins Klimakterium, aber auch bei Männern spricht man von einer hormonellen Umstellung. Der Körper verändert sich, und die Epilepsie ebenfalls. Deshalb versuchen wir ja immer wieder, so etwas mit dem Wechsel von Medikamenten zu kompensieren. Aber auch das Altern selbst kann zu häufigeren Anfällen führen. Und solange man lebt, wird man nun mal älter, das müssen Sie lernen zu akzeptieren.

Im nächsten Jahr trifft es die Schauspielerin Christina vom *Landestheater Bruchsal,* die Wolfgang und Winni noch von „Dreck am Stecken“ kennen, all die Jahre hat man Kontakt gehalten. Schon seit zwei Jahren lebt sie mit dem Krebs, aber jetzt geht es ihr richtig schlecht, sagt Birgit nach einem Besuch in Augsburg, wo Christina im Krankenhaus liegt. Wolfgang fährt nach Augsburg, Winni liegt gerade wieder einmal selbst in Essen im Krankenhaus und kann nicht mitkommen.

Aus der Schublade des Tischchens neben ihrem Bett nimmt Christina ihre Wohnungsschlüssel und gibt sie Wolfgang, sodass er bei ihr übernachten kann. Die Wohnung riecht nach Apotheke, Desinfektion und Tod, er träumt wild, schläft schlecht. Am nächsten Tag besucht er Christina wieder in ihrem Krankenzimmer, und beim Abschied weiß er plötzlich, dass sie sich nie mehr wiedersehen werden. Sie selbst aber ist offenbar noch voller Hoffnung. Zurück in Wuppertal, erfährt Wolfgang ein paar Wochen später von ihrem Tod, dem erwarteten, aber vorzeitigen.

Im Sommer 2014 sagt Winni ab. Er arbeitet mit Wolfgang und weiteren Mitspielern an einer Produktion zum Hundertjährigen des Weltkriegsausbruchs, einer Collage von lokalen Liedern, Gedichten und Szenen, die befremdend die Kriegsbegeisterung der damaligen Barmer und Elberfelder vor Augen führen. Winni hat nicht mehr die Kraft dazu, sagt er, und die Texte der Szenen müssen neu aufgeteilt werden. Jetzt zieht sich auch Wolfgang zurück. Vom Blatt vorzulesende Textpassagen wird er wohl hinkriegen, aber das Schauspielern überfordert ihn: Er kann sich die Texte nicht mehr merken, auswendig Gelerntes verschwindet plötzlich wieder. Das hat es auch früher schon gegeben, auch beim *Ernst Musiktheater* hat ihn mal auf der Bühne ein kleiner Blackout erwischt, doch da hat es ihm fast Spaß gemacht, ihn durch improvisierte Sätze zu überdecken. Jetzt aber hat er Angst davor, und die lähmt ihn schon vor dem Auftritt. Hans vom *theatre du pain* hat das auch in die Planung des nächsten Programmes einbezogen und Wolfgangs Textanteil stark reduziert.

Die instrumentalen Parts dagegen sind kein Problem, nicht beim *theatre du pain.* Auch nicht bei dieser

Wuppertaler Produktion, bei der sein früherer Professor die musikalische Leitung hat, Hartmut Klug, inzwischen sechsundachtzig. Wolfgang erinnert sich an die Sitzungen bei ihm, daran, wie er sich einmal bäuchlings auf den Flügel legte und von oben, also umgekehrt, die Tasten bediente und fast fehlerfrei spielte, um den Studentinnen zu zeigen, dass die Umstände des Musizierens für das Publikum fast so wichtig sind wie die Qualität der Darbietung. Hartmuts Vater hat den Ersten Weltkrieg mitgemacht, er selber als Heranwachsender den Zweiten. Er hat darauf bestanden, das Weltkriegslied „Ich hatt‘ einen Kameraden“ mit in die Collage aufzunehmen, und in den Aufführungen begleitet er am Flügel Wolfgangs gestopfte Trompete, die die tieftraurige Melodie vom gefallenen Freund weich und mit aller gebotenen Sentimentalität spielt.

Aber als Wolfgang in einer der nächsten Szenen einen Priester auf die Bühne begleiten soll, der eine Weltkriegspredigt hält, ist er plötzlich weggetreten. Der Priesterdarsteller sieht Wolfgang an: Der hat sein Messdienergewand angezogen, dasselbe, das er schon beim *theatre du pain* getragen hat, steht hinter dem Vorhang in der richtigen Position, aber bewegt sich nicht. Augen und Mund stehen weit offen.

Wolfgang, du kannst nicht mit raus?

Wolfgang sieht ihn nicht an, starrt weiter vor sich hin, schüttelt aber fast unmerklich den Kopf. Der Priester geht allein auf die Bühne; da Wolfgang keinen Text hat, funktioniert die Szene auch ohne ihn.

Als der Priester danach wieder hinter den Vorhang tritt, hat sich Wolfgang schon für die nächste Szene umgezogen. Alles wieder gut.

Beim Auswendiglernen ist Sprache ein Problem, Musik dagegen überhaupt nicht: Zuständigkeit der jeweils anderen Gehirnhälfte. Man kennt ein verwandtes Phänomen von Stotterern, denen das Stottern beim Singen vergeht. Die Wörter, wie Steine mit ihren harten Stolperkanten, jede Silbe eine Hürde, eine Unebenheit, geraten in der Melodie zu weich ineinander übergehenden Bestandteilen einer fließenden Bewegung. Ohne Musik aber werden sie wieder zu diesen Steinen, die im Weg liegen, gegen die man tritt, an denen man sich stößt.

Bei Wolfgang sind es nicht die einzelnen Wörter, es ist der ganze Sprachapparat, der nicht mehr richtig funktioniert, denkt er. Jedenfalls nicht beim Auswendiglernen.

Auch das ist eine Altersfrage, sagt Dr. Mayer, das muss nicht mit der Epilepsie zusammenhängen. Die Merkfähigkeit nimmt einfach ab. Und Ihre Angst vor dem Textpatzer auf der Bühne tut das Ihre dazu, da verselbstständigt sich vielleicht auch was und Ihre Angst verursacht erst den Patzer. Denn in den Tests haben Sie bei der Merkfähigkeit bisher immer glänzend abgeschnitten.

Bisher.

Beim nächsten Aufenthalt in Kleinwachau aber, nach einem Medikamentenwechsel, schneidet Wolfgang beim Kognitionstest schlechter ab, er braucht sehr viel mehr Zeit, um den genannten Oberbegriffen Wörter zuzuordnen.

Eine Nebenwirkung der neuen Tablette, sagt Dr. Mayer. Wolfgang hat nach einem ersten Versuch nie mehr irgendwelche Beipackzettel gelesen.

Aber auch die Anfälle sind weitergegangen, haben Wolfgang immer häufiger erwischt.

Inzwischen glaube ich, sagt Dr. Mayer, dass diese Zyste, auch wenn man sie kleinkriegt, sich trotzdem immer mal wieder vergrößern wird. Wenn irgendwo Hohlräume bestehen, werden die immer wieder gerne verfüllt und dehnen sich dann auch aus. Wie ich schon sagte, Sie müssen wohl damit leben.

Aber er sieht seinem Patienten an, dass der damit nicht glücklich ist.

Erinnern Sie sich daran, dass ich Sie mal vor ein paar Jahren bei einer Fallbesprechung mit Kollegen der Dresdner Uniklinik vorgestellt habe? Bei nächster Gelegenheit stelle ich Ihren Fall noch einmal vor, einverstanden? Da wird nämlich auch eine Neurochirurgin dabei sein, Chefärztin an der Klinik. Vielleicht sieht sie ja doch noch eine Möglichkeit, Ihre Zyste einfach wegzuoperieren? Ich nehme mal Ihre Bilder mit.

Klar, sagt die Neurochirurgin, kein Problem, das ist eine relativ kleine OP. Aber so nahe am Sprachzentrum? Da werde ich den Rand doch wohl etwas ankratzen müssen. Und das könnte bedeuten, dass Ihr Patient aufwacht und nur noch Englisch sprechen kann. Oder gar nichts mehr, und er müsste neu sprechen lernen, das kann dauern, wir gehen in solchen Fällen von etwa einem Jahr aus.

Also, wenn ich Ihnen raten darf: Lassen Sie das lieber bleiben, sagt Dr. Mayer zu Wolfgang. Sehen Sie sich einmal an: Ihre Lebensqualität wird natürlich durch diese Anfälle getrübt, aber Sie können weiterhin gut Ihren Alltag bestehen, Sie können arbeiten. Und wenn die Anfallshäufigkeit steigt, können wir wie bisher immer mal was anderes probieren, es werden ja gottseidank ständig neue Medikamente entwickelt.

Dankeschön, denkt Wolfgang, lieber keine Medikamente mehr. Immer wieder die Überlegungen, wenn man auf Tour geht: Habe ich noch genügend Tabletten, was ist, wenn wir länger bleiben und ich brauche noch ein Rezept. Oder ich habe ein Rezept, aber an einem Sonntag gehen mir die Pillen aus, wir spielen irgendwo in einer Scheune auf dem Land und der nächste Apothekennotdienst ist weit weg, Busse fahren nur einmal am Tag und ich habe kein Auto zur Verfügung. Im Flugzeug: eine große Medikamentenreserve muss unbedingt auch ins Handgepäck, denn vielleicht kriege ich am Flughafen meinen Koffer nicht sofort und muss noch ein paar Tage darauf warten. Die können einen schon verrückt machen, die Medikamente, die einen davor schützen, verrückt zu werden. Also lieber eine Operation, und dann ist Schluss damit.

Nee, besser nicht, sagt Dr. Mayer.

Die Anfallshäufigkeit steigt tatsächlich. Im Januar des folgenden Jahres ist Wolfgang wieder drei Wochen in

Kleinwachau, die Ärzte fahren ein Medikament langsam herunter und ein neues langsam hoch. Das Programm wird wie immer begleitet von Vorträgen und Schulungen, und Wolfgang wartet mit anderen Patientinnen in einem Sitzungsraum darauf, dass der Referent hereinkommt, es soll heute um die Risiken beim Baden und Schwimmen gehen. Er will gerade sein Mobiltelefon stumm schalten, als es klingelt. Franz, der Leiter eines städtischen Kulturzentrums, meldet sich mit Namen, bleibt dann lange still, viel zu lange. Wolfgang spürt, dass etwas passiert ist.

Franz hat Tim tot aufgefunden.

Tim war sein Haustechniker und Wolfgang hat seit Jahren bei vielen Produktionen eng mit ihm zusammengearbeitet. Wolfgang sieht ihn vor sich: Tim, den bis aufs Skelett abgemagerten Kettenraucher mit seiner wortkargen Geschäftigkeit, immer bemüht, alle Bühnenideen durchführbar zu machen. Wolfgang verlässt den Raum, lässt den Vortrag sausen und spürt einen Anfall kommen. Die Aura, da ist sie mal wieder. Nicht die Ausstrahlung der Person in die Außenwelt, kein flimmernder Heiligenschein mit dem Signal von Unnahbarkeit, sondern die strahlende Vorankündigung im Inneren. Doch er fällt nicht um, kann sich auf den Beinen halten, ist aber in allen anderen Bereichen wieder für kurze Zeit ausgeknipst, eine Absence, raus aus einer unerträglichen Wirklichkeit.

Das Gegenteil von Tod ist Bewegung. Wolfgang sagt nur selten Anfragen für ein Projekt ab, ist viel unterwegs, obwohl die Anfälle nicht weniger werden. Im Mai reist er mit Jean und Wuppertaler Musikern nach Tokio, in kleinen Theatern und Kulturzentren treten sie mit japanischen Künstlerinnen auf und zeigen ihre Improvisationen, geben weitere Vorstellungen in Osaka und Kyoto. Auch hier mehrere kleine Absencen, aber keine während einer Vorstellung. Sie sehen ein Plakat, das mit einem Tänzerfoto und japanischen Schriftzeichen für die Aufführung „Café Müller“ des Wuppertaler Tanztheaters wirbt. Pina Bausch hat hier immer noch selbst mitgetanzt, jetzt ist sie schon seit sechs Jahren tot, aber die Stücke und die Compagnie leben weiter. Wolfgang spielt in Wuppertal bei „Auf dem Gebirge hat man ein Geschrei gehört“ Trompete in dem kleinen Blasorchester auf der Bühne, bei „Viktor“ ist er als Statist dabei. Immer wieder mal kleine Jobs.

Im Herbst hat das *theatre du pain* für eine Woche in der Toskana ein kleines Bauernhaus gemietet, wo die drei Männer intensiv an einem neuen Programm arbeiten, ohne dass ihnen solche kleinen Jobs oder der Alltag, die Familie und die Freundinnen mit Anrufen und Verpflichtungen dazwischengeraten. Aber nach der Bremer Premiere im Oktober geht es gleich weiter mit diversen kleinen und größeren Jobs und Projekten, eine *Bergische Küchenoper*-Folge steht an, außerdem hat Wolfgang für ein weiteres Projekt mit Jean zugesagt, das durch dessen Arbeit in einem Zentrum für Autisten inspiriert wird. Eine Zusammenarbeit mit Tänzerinnen und den japanischen Musikern, mit denen er gerade noch aufgetreten ist. Sie proben gemeinsam im Zentrum, und manchmal sehen die dort betreuten Patientinnen ihnen dabei zu. Deren Reaktionen, von Neugier, aber auch Angst bestimmt, vorsichtige Versuche von Kontaktaufnahmen, ihre deutliche Rückkehr zu sich selbst, für viele in ein inneres Gefängnis, inspirieren Tänzerinnen und Musikerinnen zu den kleinen Aktionen, mit denen sie die von Jean gestellten Fragen beantworten. Das Ergebnis, das sie „Mein Schloss" nennen, wird im Mai des nächsten Jahres aufgeführt und hinterlässt ein tief berührtes Publikum.

Auch in diesem Jahr muss er jederzeit mit Anfällen rechnen. Treten die im Frühjahr noch etwa alle drei Wochen auf, so werden sie in der zweiten Jahreshälfte fast zur wöchentlichen Regel. Ein langer Aufenthalt in Kleinwachau, der mit einem großen Medikamentenwechsel Abhilfe versucht, beginnt bereits mit einem Anfall während des EEG, verringert aber die anschließende Häufigkeit auf gerade mal zwei pro Monat.

Immer noch zu viel, denkt Wolfgang.

Ach was, sagt Dr. Mayer, da kann ich Ihnen von ganz anderen Fällen erzählen. Und etliche davon haben Sie ja hier auch schon kennengelernt. Immerhin sind Sie imstande, trotz der Anfälle weiterhin als freischaffender Künstler zu arbeiten.

Das macht er auch. Viele, viele Jobs, deren Vereinbarkeit nicht nur eine Termin- und Geldangelegenheit ist, sondern ihn auch immer wieder zwingt, sich blitzschnell auf neue Situationen einzustellen und mitten in den Proben zum fünften Job Entscheidungen zu treffen, die das zweite Projekt betreffen, das noch nicht beendet ist und dessen Endphase ins dritte hineinragt, während der vierte Job gerade angefragt wurde und eine Antwort verlangt. Als er einmal mitten auf der Straße zusammenklappt, hat er das Glück, dass ein Freund bei ihm ist, der ihn in die nächste Kneipe begleitet. Ein Kaffee hilft: Das war der Kreislauf, das war kein Anfall. Er hat nichts Unverständliches gegrummelt, nicht gezuckt, ist einfach nur kurz weggetreten. So was gibt es ja auch noch.

Im nächsten Jahr steigert sich allerdings die Anfallshäufigkeit erneut. Im Januar und Februar 2017 sind es schon wieder drei pro Monat. Aber - wie Dr. Mayer gesagt hat – er ist immer noch imstande, als freischaffender Künstler zu arbeiten, und als solchen engagiert ihn Dr. Mayer zusammen mit Jean für einen Festakt, als im März in Kleinwachau ein Neubau eröffnet wird. Kein kleines Orchester mit klassischer Musik, sondern ein Blechbläser und ein Tänzer improvisieren gemeinsam für ein hochoffizielles Publikum mitsamt Gesundheitsministerin des Landes. Und in seiner Rede verrät Dr. Mayer, dass der Blechbläser ein Patient ist. Beifall von höchster Stelle.

Vor zwei Jahren, als sein Vater den ersten Schlaganfall erlitten hat, ist Wolfgang kurz darauf nach Japan geflogen, nicht wesentlich beunruhigt, denn der Schlaganfall war ein leichter, hat verstört, aber keine merklichen Folgen gezeitigt. Der zweite Schlaganfall jetzt trifft den Vater wesentlich härter.

Sie können alles mit meinem Sohn besprechen, sagt er den Ärzten im Hattinger Krankenhaus, wo Wolfgang ihn besucht. Er selbst fühle sich zu schwach, Entscheidungen zu treffen. Als er wieder zu Hause in Langenberg ist, baut er ab. Mit jedem Besuch dort, also in jeder Woche, merkt Wolfgang, dass sein Vater weniger wird. Weniger Gewicht, weniger Lebenskraft, weniger Persönlichkeit. Er ist immer seltener zu Spaziergängen zu bewegen, schließlich geht er gar nicht mehr aus dem Haus. Wolfgang ist dafür immer öfter dort, muss sich kümmern. Die Fahrt nach Langenberg mit öffentlichen Verkehrsmitteln dauert, im Bus kann er dann telefonieren, Nachrichten verschicken, denn auch all die Jobs und Projekte verlangen seine Anwesenheit.

Weiterhin jeden Monat drei Anfälle.

Im Herbst ist er wieder für vier Wochen in Kleinwachau und gleich zu Anfang erlebt er zwei Absencen.

Wir versuchen jetzt mal was anderes, sagt Dr. Mayer. Wir gehen jetzt mal über ketogene Ernährung vor. Dr. Brandhoff in unserem Haus übernimmt. Wollen Sie?

Wolfgang soll künftig nur genau fünfzehn Gramm Kohlenhydrate pro Tag bekommen statt der üblichen dreihundert Gramm, er darf keinen Zucker mehr zu sich nehmen, kein Brot mehr essen, kein Bier und keine Milch mehr trinken, dafür aber ordentlich Fett. So soll er seinem Körper ein Fasten vorgaukeln, der dann aus dem Fett Ketone bildet und sein Gehirn mit Energie versorgt. Dann ist die Ketose erreicht und das kann er im Blut messen – ähnlich wie ein Diabetes-Patient seinen

Blutzucker. Bevor es losgeht, wird er noch einmal genau untersucht, wichtig sind seine Leberwerte, dann erhält er drei Tage in der Woche jeweils vier Stunden Unterstützung von Frau Böhme, der Ernährungsfachkraft; sie zeigt ihm, wie man ketogen kocht und backt.

Ist der Teig fertig, Herr Suchner?

So gut wie. Muss ich nur noch durchkneten.

Wie viel Butter haben Sie genommen?

Na, ungefähr so viel.

Das heißt: Sie haben gar nicht abgewogen, sondern nur geschätzt?

Der Teig wandert in den Mülleimer.

Es kommt auf die grammgenaue Umsetzung der Rezepte an, Herr Suchner. Grammgenau.

Zu dem Zeitpunkt, als Gela aus Wuppertal anruft, ist Wolfgangs Ketonspiegel gestiegen und steigt gerade weiter an. Ein erfolgreicher Beginn.

Dann hört er von Gela: Winnis Knochengerüst ist vom Krebs mittlerweile völlig zerfressen. Als er sich in seinem Krankenbett umdrehte, hat es etliche Brüche gegeben. Winni ist durchgebrochen. Er liegt auf Intensiv.

ANFANG – ANFÄNGER SEIN

Dr. Frank Brandhoff,
Abteilungsarzt für Klinische Epileptologie
in Kleinwachau

Der Anfang von etwas hat für mich immer etwas Schönes. Herrn Suchner begegnete ich am Anfang dann auch in einer besonderen Weise.

Pro Jahr haben wir auf meiner Station fast zweihundert Patientenkontakte. Dabei ist zu Beginn nie klar, ob das eine einmalige Begegnung ist oder daraus eine längere Beziehung wird. Bei Herrn Suchner sollte es ein langes, bis jetzt andauerndes Zusammenkommen sein, bei dem ich zunächst der Anfänger war und wir beide irgendwann zusammen über Epilepsiebehandlung als Erfolgsgeschichte erzählen würden.

2017 haben wir in der Klinik entschieden, eine besondere Diät nun auch Erwachsenen mit schwierigen Epilepsien anzubieten – diese Diätbehandlung wurde bis dahin nur bei schwer epilepsiekranken und oft behinderten Kindern eingesetzt. Ich stand dem am Anfang skeptisch gegenüber. Diäten, das war wirklich nicht mein Thema. Auch an die Zusammenarbeit mit einer Ernährungstherapeutin musste ich mich erst gewöhnen.

Herr Suchner sollte mein erster Patient für diese Behandlungsform sein. Wenn man davon ausgeht, dass Menschen mit chronischen Erkrankungen irgendwann zu Experten ihrer eigenen Erkrankung werden und ich eine Therapie anbot, zu der ich zwar theoretisches Wissen, aber keinerlei praktische Erfahrungen hatte, dann kann man sagen, dass Herr Suchner als Experte auf mich als Anfänger traf.

Ketogene Diät hat man lange als eine Art simuliertes Fasten gesehen. Man hat möglicherweise die anfallsreduzierenden Effekte von längerem Fasten auf Menschen mit Epilepsie schon vor Jahrhunderten oder gar einigen tausend Jahren beobachtet, zum Beispiel bei epilepsiekranken Mönchen während der Fastenzeit oder weiteren Epilepsiekranken in früheren Hunger- und Krisenzeiten. Der erste wissenschaftlich berichtete Therapieversuch mit Fasten/ketogener Diät stammt aus dem Jahr 1921 vom amerikanischen Arzt Russell M. Wilder an der Mayo Clinic in Minnesota.

Der Körperstoffwechsel wird beim Fasten/Hungern umgestellt. Glukose fällt plötzlich weg als wesentlicher Energielieferant. Als Ersatz werden dann fast ausschließlich die körpereigenen Fette benutzt. Fettsäuren werden zu Ketonkörpern umgewandelt, die nun anstelle von Glukose die Energie für alle Stoffwechselvorgänge bereitstellen. Also nimmt man bei einer ketogenen Diät im wesentlichen Fett/Öle zu sich, dazu Eiweiß. Pro Tag sind nur einige Gramm Kohlenhydrate erlaubt. Wie diese Diät ihre Wirkung entfaltet, das ist aktuell noch Gegenstand der Forschung. Während der Diät misst man im Blut die Menge der Ketonkörper, die Höhe ihrer Konzentration dient dann als Maß für die

Güte oder das Ausmaß der ketogenen Stoffwechselumstellung.

Bei Herrn Suchner hat das 2017 erst mal überhaupt nicht funktioniert. Er wirkte verlässlich und befolgte konzentriert und ernsthaft die Vorgaben der Diät, kochte in unserer Diätküche seine Mahlzeiten selbst und zeigte in den ersten Tagen auch wie gewünscht eine erhöhte Ketonkörper-Konzentration im Blut. Doch dann sank sie wieder ab, so als würde er überhaupt keine Diät durchführen. Zu Beginn dachte ich, dass er vielleicht unbewusst Süßigkeiten äße oder mal einen Apfel, was den Effekt der Diät sofort beenden würde. Erst später lernte ich, dass die bei Stress ausgeschütteten Hormone eine Erhöhung des Blutzuckerspiegels mit sich bringen und dadurch die Ketonkörperproduktion zum Erliegen kommt. Herr Suchner erhielt zu dieser Zeit die Nachricht über die lebensgefährliche Erkrankung eines engen Freundes. Sehr wahrscheinlich hat dieser Stress mit den Sorgen um den Freund die Ketonkörperproduktion gestört. Damals haben wir diesen ersten Versuch der Diättherapie abgebrochen und einen zweiten Versuch für die Zukunft geplant.

Ein Jahr später war er wieder bei uns und wir begannen erneut die Umstellung auf eine ketogene Ernährungstherapie. Die Ketonwerte stiegen an, waren aber weiter eher niedrig. Trotzdem blieb Herr Suchner bei dieser Diät.

Ein halbes Jahr später im Januar 2019 konnten wir bei ihm dann zum ersten Mal seit langer Zeit wirkliche Erfolge sehen. Obwohl seine Ketonwerte weiterhin niedrig waren, gab es statt der wöchentlichen epileptischen Anfällen nur noch einen Anfall alle zwei bis vier Wochen. Wir reduzierten dann die Kohlenhydratmenge noch einmal auf täglich nur noch zehn Gramm. Ein halbes Jahr später berichtete er über eine viermonatige Anfallsfreiheit.

Anfang 2020 sahen wir uns erneut in Kleinwachau. Die Anfallshäufigkeit hatte sich eingependelt auf einen sehr kleinen, milden Anfall mit nur kurzer Abwesenheit etwa alle sechs Wochen. Herr Suchner war sehr zufrieden und ich war immer überzeugter von dieser neuen Therapieform. Wir wurden mutig und versuchten eines der beiden Epilepsiemedikamente schrittweise abzusetzen. Das führte zwar zu einer Anfallszunahme, aber Herr Suchner machte die Erfahrung, dass er sich nun, ohne dieses eine Medikament, Texte besser merken konnte und ihm die sprachlichen Aufgaben als Bühnenkünstler wesentlich leichter fielen.

2021 wurde ein ganz neues Medikament zur Behandlung bei Epilepsie zugelassen und er war einer der ersten, die es in unserem Zentrum erhielten. Seither ist er seit über einem Jahr anfallsfrei.

Vor ein paar Monaten waren wir zusammen in München und erzählten unsere Geschichten vor Mitarbeitern der Firma, die in Deutschland dieses neue Medikament vertreibt, das Herrn Suchner offenbar zusammen mit der ketogenen Diät zur Anfallsfreiheit verholfen hat. Herr Suchner erzählte von seiner Lebenskunst, seinem Leben als Künstler, das er inzwischen vollkommen unbeeindruckt von seiner Erkrankung führt. Ich erzählte von der Kunst und Herausforderung schwierige Epilepsien zu behandeln.

Schaut man nach der Wortherkunft „Patient", liest man im etymologischen Wörterbuch:

Patient – in ärztlicher Behandlung stehende Person, im 16. Jahrhundert erstmals in medizinischen Schriften, von lateinisch „patients": erdulden, ertragen, hinnehmen, erleiden.

Doch die Bezeichnung wurde schon vor dem 16. Jahrhundert im Mittelalter für Angeklagte verwendet. Dieser wurde nach festen Regeln „untersucht" und „befragt". Diese „Untersuchung" bedeutete das Zufügen von Schmerzen nach einem juristisch festgelegten Regelwerk. Überstand der Patient die „Untersuchung" ohne ein Geständnis, war er juristisch von den Vorwürfen freizusprechen. Es war der französische Philosoph Foucault, der bei der Durchsicht mittelalterlicher juristischer Literatur auf diese Bedeutung stieß. Und derselbe Foucault sah unseren Umgang mit dem „Patienten" als jemandem, der von der Norm abweicht, kritisch und setzte sich für mehr Toleranz gegenüber der Abweichung ein. Nimmt man diesen Gedanken auf, kann man zu einem anderen Umgang mit Kranken kommen. Dann geht es darum, die Kranken zu ermutigen, das Label „Patient" abzulegen und sich in Lebenskunst zu üben, trotz einer Krankheit. Auch zunächst unvernünftig erscheinende Handlungen können dann zu einem Mittel der Lebenskunst werden.

Herr Suchner hat seinen Citroën CX trotz des seit Jahren bestehenden Fahrverbotes in irgendeiner Garage aufbewahrt und trotz knapper Mittel nie verkauft. Jetzt fährt er ihn wieder. ■

Am Abend erhält Wolfgang Besuch auf seinem Zimmer. Es ist Dr. Brandhoff.

Könnte es sein, dass Sie heute irgendwo ein kleines Stückchen Schokolade gegessen haben? Vielleicht ohne sich dessen bewusst zu sein?

Wolfgang erfährt, dass sein Ketonspiegel plötzlich rapide gesunken ist, jetzt wieder nahe null.

Oder haben Sie vielleicht einen Cappuccino getrunken, Herr Suchner?

Nein, nein. Bestimmt nicht.

Da ist nämlich auch ohne Zucker Glukose drin. In der Milch.

Ich weiß.

Überlegen Sie mal, hat man Ihnen vielleicht ein Bonbon angeboten und Sie haben es genommen, ohne daran zu denken, dass es Zucker enthält?

Nichts von alledem. Wolfgang schüttelt den Kopf. Nichts als die Nachricht von Gela. Offenbar kann nicht nur Zucker, nicht nur Süßes die Ketose verhindern. Auch Bitteres.

Er bricht alles ab und fährt zurück nach Wuppertal.

Es geht zu Ende mit Winni. Er ist von der Intensivstation des Krankenhauses ins Hospiz verlegt worden. Wolfgang besucht ihn täglich, Winni wirkt sehr gefasst, strahlt weiterhin seine ruhige Souveränität aus, und am 16. Oktober, als zu seinem 63. Geburtstag etliche Freunde und Freundinnen um sein Krankenbett herum versammelt sind, ist es eher der Todkranke, der trösten muss, als die, die zu seinem Trost gekommen sind. Aber dann baut er ab.

Am Nachmittag des ersten November ruft Gela erneut an: Es scheint jetzt zu Ende zu gehen. Bei ihrem Besuch reagiert Winni schon nicht mehr, er erkennt Gela, aber Wolfgang scheint ihm ein völlig Unbekannter zu sein. Erst als Wolfgang ein Lied beginnt, zunächst vorsichtig summt, dann auch den Text singt, sieht Winni ihn mit einem Mal an und hält den Blick.

Was heißt hier Feuer? Wer löscht denn, wenn's brennt?
Ich bin die Leiter auf dem Dienstweg nach oben,
ich Blitzableiter, wenn Unwetter toben,
wenn's knallt, muss ich da sein und immer bereit,
als Schirm, Schild und Stütze bei Regen und Streit.

Ein Lied aus „Alarm!", ihrem ersten gemeinsamen Stück beim *Ernst Musiktheater.* Und jetzt scheint sich da um Winnis Mund auch ein kleines Lächeln zu formen. Aber kaum wahrgenommen, verschwindet es wieder.

Von nun an reagiert er gar nicht mehr, atmet schwer und kämpft, leidet unter willkürlichen Spasmen. In einer Nacht schließlich, als niemand bei ihm ist, stirbt er, Wolfgangs Schirm, Schild und Stütze.

Am 14. November hat Rolli Geburtstag und Winni wird beerdigt. Auf dem Unterbarmer Friedhof kommen viele Menschen zusammen, reden nicht viel miteinander, und wenn, dann verhalten, leise, aber *Belakongos* Bläser spielen laut: Stücke, die sie mit Winni einstudiert haben.

Im Anschluss fährt Wolfgang nach Langenberg zu den Eltern und erzählt. Sie kennen Winni.

Dann will ich jetzt auch nicht mehr weiter, sagt sein Vater.

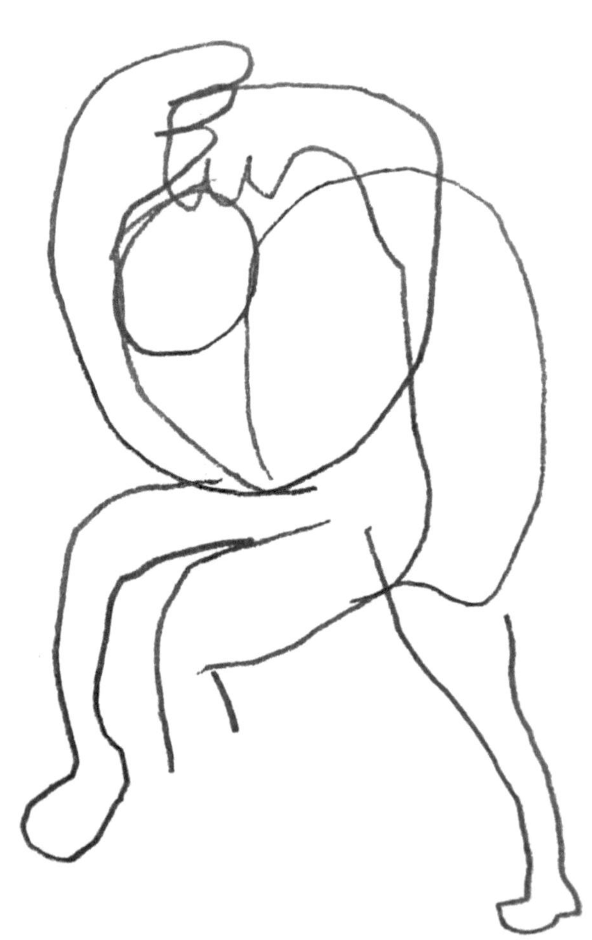

9 Irrsinn und Kohlenhydrate

Als sich Wolfgang und Franziska Anfang des nächsten Jahres trennen, geschieht das völlig einvernehmlich, ohne Streit; sie ergänzen sich weder in ihren Ansprüchen an den anderen noch in ihren Alltagsrhythmen. Die Hilfe, die die alleinerziehende Mutter braucht und erwartet, kann Wolfgang nicht leisten. Zum einen ist er ständig unterwegs, nicht immer greifbar, zum anderen hat er selbst das Gefühl, Hilfe zu benötigen: Das Ende Winnis hat ihn aus der Bahn geworfen. Er sieht nur noch Tod um sich herum, ihm ist, als wäre eine große Welle des Sterbens unterwegs, die immer mehr Menschen aus seinem Umfeld mit sich nimmt.

So fährt er jetzt immer häufiger nach Langenberg, um seinen kranken Vater zu besuchen, der des Lebens müde geworden ist. Ihn wird die Welle als Nächsten fortspülen, weiß er.

Aber erst einmal wird er selbst krank. Ein plötzlicher heftiger Schmerz im Unterleib, der genau so plötzlich wieder verschwindet, dann aber zurückkehrt, immer wieder, in immer kürzeren Abständen. Im Krankenhaus stellt man fest, dass er eine Divertikulitis im Darm hat, eine Entzündung, die schon durchgebrochen ist und ausgeblutet hat. Sie kann gerade noch rechtzeitig gestoppt werden. Zwei Wochen Krankenhausbett, zwei Wochen Ruhe und Schonkost. Es ist etwas anderes, über den direkten Zusammenhang zwischen Ernährung und Wohlbefinden zu wissen, als ihn am eigenen Leib zu erfahren. Wolfgang denkt an seinen abgebrochenen Versuch mit der ketogenen Ernährung.

Als er nach der Entlassung seinen Vater besucht, sieht er einen gezeichneten Menschen, der sterben will, aber nicht kann. Seine Frau will ihn nicht fortlassen: nicht wahrhaben, was längst offenbar ist. Aber der Sohn erwirkt die Einweisung ins Krankenhaus. Wolfgang soll mit den Ärzten reden, sagt ihm sein Vater: keine lebensverlängernden Medikamente. Bei Schmerzen Morphium, sonst nichts.

Die Proben zur nächsten *Bergischen Küchenoper*-Folge müssen ohne ihn als Regisseur weiterlaufen, aus denen zur Wiederaufnahme des Stückes „Mein Schloss“ muss er aussteigen. Er verbringt die nächsten Tage und Nächte im Krankenhaus bei seinem Vater. Einmal kommt auch Amanda mit, sie möchte sich verabschieden, und beide haben den Eindruck, dass der Kranke das auch versteht, es ist, als leuchte da bei ihm kurz etwas auf, bevor er wieder zurück in andere Bewusstseinsschichten fällt. Am Morgen seines Todestages erwacht er dann noch einmal kurz aus dem Morphiumdämmer,

Wolfgang hält seine Hand und spürt, wie er davongleitet.

Erst nach der Beerdigung im Juni kommen die Absencen wieder. So als hätten sie sich für eine Weile respektvoll zurückgehalten.

Gott, so sagte damals der Philosoph Feuerbach, musste im Laufe der Menschheitsgeschichte immer für all das herhalten, was man sich noch nicht erklären konnte. Auch für den Erfolg der ketogenen Ernährung.

Mönche sieht man äußerst selten. Im Supermarkt schauen sie uns manchmal vom Etikett der Camembert-Dosen an, braune Kutte, Strick um das Bäuchlein, gemütliches, liebes Strahlen im runden Gesicht, ein Haarkranz legt sich um die glänzende Tonsur. Beileibe keine Asketen, diese frommen Bierbrauer, Kelterer, Metzger, Bäcker und Konditoren. Gute, leckere Sachen für den Leib Christi. Aber das vierzigtägige Fasten vor Ostern mussten auch sie einhalten, je nach Orden streng oder weniger streng. Bevor es öffentliche Schulen gab, waren sie es, die ausgewählten Kindern aus der Umgebung das Lesen und Schreiben beibrachten, die Internate unterhielten, in denen der klösterliche Alltagsrhythmus auch das Leben der Kinder beherrschte. Und hier muss wohl dann auch die Beobachtung gemacht worden sein, dass bei Kindern mit Epilepsie nach dem religiösen Fasten die Anfälle seltener wurden oder gar völlig verschwanden. Das war natürlich Gottes Lohn für die Einhaltung der Fastenregeln, die Kinder hatten sich die Heilung redlich verdient und durften gar nicht mehr aufhören, betend dafür zu danken. Mit dem Siegeszug der Naturwissenschaften fand sich dann später eine neue Erklärung. Bei genauerem Hinsehen stellte sich heraus: Nicht irgendein Fasten, Kohlenhydratfasten musste es sein. 1921 wurde die Diät erstmals eingesetzt.

Für zwanzig Minuten muss der Teig jetzt in den Ofen, sagt Frau Böhme. Wenn er dann später ausgekühlt ist, können Sie ihn mit den Händen zerbröseln, und Sie haben Ihr Frühstücksmüsli.

Es ist Juli und Wolfgang hat in Kleinwachau die Umstellung auf ketogene Ernährung wieder aufgenommen. Den Teig hat er unter den scharfen Augen der Ernährungsfachfrau aus Mandel- oder Leinsamenmehl, Ei, Öl und Butter gemischt, hinzu kommen noch ein paar weitere Zutaten, diesmal grammgenau, diesmal ist nichts in den Mülleimer gewandert.

Die Tage in Kleinwachau verbringt er neben den Arztgesprächen und Untersuchungen jetzt vornehmlich in dieser Küche, die auch baulich getrennt vom Kantinenbetrieb des Epilepsiezentrums speziell für diese fast kohlenhydratlose Kost eingerichtet wurde. Frau Böhme fragt ihn nach seinen Essenswünschen, macht Vorschläge, besorgt die Zutaten und leitet ihn an. Er lernt Kuchen ohne Zucker und Getreidemehl zu backen, Pommes Frites aus Sellerie herzustellen und dreimal täglich seinen Blutzucker und den Ketonspiegel zu messen.

Einmal – da ist er schon wieder zu Hause in Wuppertal – stellt er fest, dass dieser Spiegel plötzlich heftig gesunken ist. Er ruft Frau Böhme an.

Er hat Käse gegessen, viel Käse, statt der holländischen Gouda und Emmentaler, die es in Kleinwachau gab, endlich wieder gute französische Ziegenkäse, Camemberts, englischen Cheddar, deutsche Blau- und Rotschimmelkäse, spanischen Manchego.

Das war zu viel des Guten, sagt Frau Böhme.

Aber Käse darf ich doch. Eiweiß und Fett. Keine Kohlenhydrate.

Das war aber entschieden zu viel. Wenn der Körper zu viel Eiweiße bekommt, baut er sie in Glukose um. Dann läuft die Uhr wieder rückwärts.

So viel zu lernen.

Bei der ketogenen Ernährung soll der Körper seine Energie aus Fett beziehen, nicht mehr aus Kohlenhydraten. Das schließt das eigene Körperfett mit ein, und Wolfgang verliert innerhalb der nächsten sechs Monate fast zehn Kilo. Aus dem rundlichen Mann fast unbestimmbaren Alters, dem die Pausbacken bisher immer noch etwas jungenhaft Liebes verliehen haben, wird allmählich ein markanter Endfünfziger, er bekommt schärfere Züge, und man könnte meinen, dass da auch schärfere Blicke durch die Hornbrille dringen.

Es geht ihm gut dabei. Der Teig, den er weiterhin mengt, backt und bröselt, reicht immer für fünf Tage, dann rührt er neuen an. Er mischt Sojajoghurt und Obst unter das Müsli und erhält so sein tägliches Frühstück.

Kein Brot – oder nur eines, das er aus Walnussmehl selbst backt –, keine Marmelade, aber gute Mahlzeiten, die er nach Rezepten zubereitet, die jeweils Kohlenhydrat-, Fett- und Eiweißmengen angeben. Fünfzehn Gramm Kohlenhydrate pro Tag, die braucht er immer noch, mehr darf er aber nicht. Mit einem Apfel wäre die Tagesration schon verspeist, eine Flasche Bier würde sie übersteigen. Er muss genau aufpassen, muss lernen, welche Nahrungsmittel welche Anteile an Kohlehydraten und Eiweiß beinhalten, täglich die Summen ausrechnen. Wenn das Verhältnis von Fetten zu Kohlenhydraten und Eiweiß drei zu eins beträgt, braucht er die Kohlenhydrate nicht anzurechnen und hat noch die vollen fünfzehn Gramm für den Tag zur Verfügung. Ketogene Rezepte, im Internet abrufbar, helfen ihm, geben die Grammzahlen an und rechnen auch die Relation aus. Auf das Bier in der Kneipe zu verzichten fällt manchmal schwer, aber er spürt auch, dass diese Disziplin, die er jetzt aufbringen muss, ihn unterstützt, ihn psychisch stabilisiert, er kann und darf sich jetzt nicht mehr gehen lassen.

Der Tod von Winni, der Tod des Vaters bedrücken ihn weiterhin und es gelingt ihm noch lange nicht, in guten Momenten völlig unbeschwerte Freude zu empfinden. Da bleibt immer ein Schatten, irgendwo dahinten. Aber die Selbstdisziplin in der Ernährung hilft auch, sich von diesem Schatten nicht vereinnahmen zu lassen. Das Festhalten an einer anderen Lebensweise, zumindest in der Küche, färbt ab auf weitere Bereiche des Alltags, schützt vor jener Lethargie, in die er manchmal versinken möchte, wenn er an die Erfahrungen der letzten Monate denkt.

Und außerdem scheint diese besondere Diät auch ihrem ersten erklärten Ziel näherzukommen: Statt der vorher etwa vier Absencen im Monat registriert er nur noch jeweils eine kleine, die er nicht als Anfall bezeichnen würde und ihn kaum in seiner Arbeit beeinträchtigt.

Außer für eine neue Produktion des *theatre du pain* in Bremen probt er mit zehn Mitspielerinnen in Wuppertal noch für ein Stück, das kurz vor der Aufführung den Titel „Ich bin ein Prinz – Normalität 3-5" erhält. Das Ensemble besteht neben Wolfgang aus einer Sängerin, zwei weiteren Musikerinnen, einem Tänzer, einem Regisseur und fünf Darstellenden mit Behinderung, ein „inklusives Theater" also, das in selbst entwickelten Szenen mit den Grenzen und Fragwürdigkeiten der Normalität spielt. Wieder, wie schon bei „Mein Schloss", geht es um abweichendes, auffälliges Verhalten. Die Proben gestalten sich manchmal schwierig, es dauert, bis alle Akteurinnen gemäß ihren Eigenarten angesprochen und angeleitet werden können.

Leo ist eigentlich schon erwachsen, hat aber noch einen kindlichen Berufswunsch: Er will Kapitän werden. Besser: Er will Kapitän sein. Oder noch besser: Er ist schon Kapitän. Als der Regisseur möchte, dass sich alle Beteiligten für den Beginn der nächsten Szene auf den Boden legen, weigert er sich. Freundlich, aber bestimmt.

Nein, ein Kapitän legt sich nicht auf den Boden.

Aber wir legen uns doch alle auf den Boden. Alle.

Dürft ihr ja, aber ich nicht. Ein Kapitän muss den Überblick behalten. Außerdem sollte mein Anzug nicht schmutzig werden. Gefällt euch mein Anzug?

Sehr sogar. Ein schöner Anzug. Du kannst ja das Sakko ablegen und dich dann zu uns auf den Boden legen.

Auf keinen Fall.

Und was machen wir jetzt?

Ich könnte mich auf einen Stuhl setzen, von da kann ich auch noch alles überblicken.

Und so wird es gemacht.

Wer auf der Bühne gehört zu den Behinderten, wer zu den übrigen? Das Publikum sucht, als das Stück im Oktober an verschiedenen Orten aufgeführt wird, nach entsprechenden Anzeichen, nach Normalität, nach Irrsinn, nach Schwachsinn, wird schnell fündig und irrt sich oft dabei. Wolfgang weiß nicht so recht, zu welcher Gruppe er gehört.

Du bist doch nicht behindert.

Klar bin ich behindert. Ich habe sogar einen Ausweis. Da steht ein B drin, für „Begleitung", das heißt, ich kann mit der Bahn fahren und in öffentliche Theater gehen und eine Begleitperson mitnehmen, die ist dann gratis.

Wolfgang hat sich, als er einen Textbeitrag zu seiner Rolle in diesem Stück finden sollte, beim *theatre du pain* bedient, einen Text von Hans gekürzt:

> *Neulich war ich auf einer Versammlung. Ich habe vergessen, worum es bei dieser Versammlung*

ging. Ich vermute, es ging um etwas. Es waren viele Leute da, einige trugen Pferdeschwänze, vermutlich Frauen. Aber keine Indianerinnen. Gott war auch angekündigt, er wollte allerdings später nachkommen. Ein komischer Abend. Übrigens ist einer später gekommen, der Gatt hieß. Gatt und nicht Gott. Eigentlich war die ganze Versammlung fürn Arsch.

Jetzt sind sie aber völlig irre geworden, werden ein paar Besucherinnen auch bei der Aufführung des *theatre du pain* denken, zwei Monate später, als sie Wolfgang bei einem Komplettausfall erleben. Nein, das gehört zum Stück, sagen ein paar andere. Beide haben recht. Wolfgang ist mal wieder kurz irre geworden, und Wolfgang gehört zum Stück. Er versteht, was um ihn herum geschieht, was gesagt wird, er kennt seinen Einsatz, rückt aber nicht mit der Sprache heraus. Geht nicht. Keine Sprache. Er schaut leer ins Publikum, zerschmatzt unverständliche Wortähnlichkeiten zu leisen, grummelnden Tönen. Hans erklärt die Situation dem Publikum, aber viele mögen ihm nicht glauben, der Auftritt passt ja zu dem übrigen Irrsinn. Und sie sehen sich völlig bestätigt, als Wolfgang bei der nächsten Musiknummer ganz selbstverständlich sein Instrument nimmt, an den Mund führt und perfekt einsetzt. Ganz wie von selbst spielt sich die Nummer aber nicht, er muss sich anstrengen, um die hohen Töne klingen zu lassen. Erst als er es danach ablegt, sieht er, dass er statt der Trompete das

Euphonium genommen hat, das eine Oktave tiefer gestimmt ist. Er hat beim Spiel seinen Fehler automatisch korrigiert, ohne sich dessen bewusst zu sein.

Immerhin, es hat geklappt.

Und bei der nächsten Gesangsnummer, der Zugabe am Ende der Vorstellung, ist er auch dabei. Die beiden Herren haben ihm gesagt, man spiele jetzt die Nummer „Experiment“ und das sagt ihm gar nichts. Was ist das? Nie gehört. Die beiden Herren sind ihm vertraut, doch er wüsste keine Namen zu nennen. Die Worte sind fort, die Sprache ist weg, wieder mal. Aber er setzt sich zu ihnen aufs Sofa, in der Mitte Hans mit der Ukulele, der den Gesang schrammelnd begleitet, während Mateng ihm im Ohr pult.

Genau in der Mitte des Zuges sitzt ein
Beobachter,
der in beide Richtungen längs des Zuges
Lichtstrahlen aussendet.
Durch eine geschickt ausgedachte
Spiegelvorrichtung
kann dieser Beobachter feststellen, dass die
Lichtstrahlen
am Anfang und am Ende des Zuges
gleichzeitig ankommen.
Er wird die Konstanz der Lichtgeschwindigkeit
bestätigen können.
Denselben Vorgang untersucht nun ein zweiter
Beobachter,
der auf dem Bahndamm sitzt.

Er allerdings bemerkt eine frühere Ankunft des
Lichtstrahls
am Zugende, das dem Lichtstrahl ja
entgegenfährt.
Das in Fahrtrichtung ausgestrahlte Licht
kommt erst später an.
Denn obgleich der Zug sehr viel langsamer
fährt als das Licht sich fortpflanzt
fährt der Zugkopf dem Strahl davon, bis der
ihn schließlich schnappt.
Diese Argumentation macht vom Satz der
Konstanz
der Lichtgeschwindigkeit Gebrauch.
Oh, sie führt zu einem Widerspruch:
Die beiden Beobachter
beurteilen die Gleichzeitigkeit different.

Alles ist relativ, Zeit und Raum, Normalität und Irrsinn. Wolfgang singt das Einstein-Lied ohne Aussetzer mit, jeder Satz schließt sich ohne die kleinste Verzögerung im exakten Rhythmus an den vorigen an, die gelernte Anordnung der Wörter kann abgespult werden. Ein vertrackter Text, den Sängern helfen weder Reimwörter noch ein durchgehendes Metrum, und Wolfgang singt die richtigen Wörter, obwohl es eigentlich gerade in seinem Kopf gar keine Wörter gibt. Er wäre nicht fähig, die Sätze zu sprechen, nur das Singen funktioniert.

Die Wörter kehren dann nach der Vorstellung allmählich zurück, es gibt auch Sprache ohne Musik. Und er kann sogar mit den Zuschauerinnen reden, die zur Bühne kommen und ihn fragen, wie es ihm denn jetzt gehe. Und wie sich das anfühle, so ein Anfall. Er erzählt und sie fragen weiter und er erzählt weiter und sie haben immer noch nicht genug. Als schließlich alle den Saal verlassen, sagt ihm eine Frau, sie habe dies als einen ganz besonderen Abend empfunden, eine ganz besondere Vorstellung, bereichert durch eine völlig neue Erfahrung.

Seine Erfahrung dieses Abends aber ist gar nicht so neu: Er hat schon mehrfach erlebt, dass seine Krankheit ihn interessant macht für andere. Und er kann dieses Interesse genießen, es tut wohl, eine Anteilnahme, die ihn nicht klein macht. Da ist ja kein echtes Mitleid im Spiel, weil kaum jemand nachempfinden kann, was er erlebt. Eher Bewunderung.

Wie schaffen Sie es nur, trotzdem weiterzuspielen?

Während er seine Krankheit in ihrer Anfangsphase Freundinnen gegenüber lieber verschwiegen hätte, so muss er inzwischen manchmal der Versuchung widerstehen, sich auf sie zurückzuziehen. Wenn er sich klein fühlt, unsicher, wenn er etwas falsch gemacht hat, kann er sie vorschützen:

Ich kann schon froh sein, dass ich nicht umgefallen bin.

Sechster Dezember, Nikolaus, das Jahr geht zu Ende, und er nimmt sich vor, im nächsten, da wird er sechzig, kürzerzutreten, viel kürzer.

Im folgenden Frühjahr übernimmt er die Endregie eines Off-Theaters von Bekannten in der Schweiz und lernt eine der Darstellerinnen kennen, die ihn spüren lässt, dass er ein Mann ist. Sie löst keine sexuellen Tagträume aus, weckt keinerlei Begierde, aber wirkt so wohltuend als weibliches Gegenüber, dass ihm sein Singledasein mit einem Male nicht mehr als einzig mögliche Lebensform erscheint. Sie interessiert sich für ihn als Person, geht auf ihn zu, und er möchte nicht zurückweichen, nicht ausweichen, fühlt sich zwar kurz in seiner männlichen Eitelkeit gekränkt, als klar wird, dass sie nichts anbahnen wird und auch nicht will, ist aber gleichzeitig erleichtert. Das gibts ja auch noch, denkt er, fast überrascht. Weibliche Wärme, einfach so, wohltuend.

Sie wird Zeugin bei dem kleinen Anfall, der ihn, als sie nach einer Tour in der Umgebung von den Rädern steigen, plötzlich mal wieder ins Leere starren lässt. Ein kurzer Augenblick, aber nicht kurz genug, um unbemerkt zu bleiben. Er erklärt und merkt, wie gut es ihm tut, sich dieser Frau zu öffnen.

Nach dem Bruch mit Franziska, den sich häufenden Begegnungen mit Krankheit, Zerfall und Tod, dem Gefühl, sich auch auf den eigenen Körper und Geist nicht mehr verlassen zu können, hat er lange gedacht, dass er sich keiner Beziehung zu einer Frau mehr aussetzen sollte, vielleicht auch, sich selbst keiner mehr zumuten kann.

Aber jetzt auf einmal ist er sich da nicht mehr so sicher. Und wenn eine Frau den ersten Schritt machte ...

Nein, nicht diese. Sie steigen auf die Räder und lächeln sich zu.

Erst mal mit mir selbst ins Reine kommen, nimmt er sich vor, als er wieder in Wuppertal ist, und macht etwas, was er schon lange in seinem Kopf hin- und hergewälzt hat – er erkundigt sich nach einem guten Psychotherapeuten und verabredet einen Termin.

Mach bloß keine Analyse, hat man ihm gesagt, das ist zu streng, du musst ständig hinrennen, dreimal in der Woche, immer wieder in Tiefen einsteigen, in denen du vielleicht gar nichts mehr verloren hast, Erinnerungen aufwühlen, die wehtun, auf der Suche nach vermeintlichen Traumata Wunden aufreißen, die längst vernarbt sind. Teuer ist es auch noch. Zahlt das die Krankenkasse?

Verdrängt, nicht vernarbt, denkt er. Ich glaube, ich habe immer zu vieles verdrängt.

Als er die Tür zur Praxis öffnet, lächelt ihm ein bekanntes Gesicht entgegen. Er kennt den Arzt, sie sind sich schon oft begegnet, haben auch das eine oder andere Mal ein paar Worte gewechselt. Die Tochter des Arztes hat in der *Bergischen Küchenoper* mitgespielt, und er saß bei den Aufführungen immer in einer der ersten drei Zuschauerreihen.

Jetzt ist er kein Zuschauer, sondern Zuhörer. Wolfgang braucht nicht auf die Couch, darf aber.

Nein, sagt er, ich bleibe lieber hier sitzen.

Gut. Dann erzählen Sie mal.

Er braucht also nicht auf die Couch, er braucht nur zweimal pro Woche hin, kann für Tourneen und auch für die Krankenhausaufenthalte, die in diesem Jahr noch folgen und von denen er noch nichts weiß, die Therapie unterbrechen. Und er braucht sich an keinen strengen Plan zu halten, soll immer einfach drauflos erzählen. Was ihm gerade durch den Kopf geht, das wird auch Thema, gleich, wie unwichtig es im ersten Moment erscheinen mag. Aber es ist auch Analyse, der Arzt lenkt ihn mit seinen Fragen immer wieder mitten in seine Kindheit hinein: die zu frühe Geburt und der Mangel an weiblicher, mütterlicher Wärme, die sich das Kind durch Aufmerksamkeit, Folgsamkeit, Gehorsam vergeblich zu verschaffen sucht. Liebe, für die keine Leistung erbracht werden muss, bedingungslos. Nein, kein Marienkult erwächst hier, Wolfgang ist streng protestantisch erzogen, er findet die Wärme nicht in der Religion. Aber eben auch nicht bei seiner Mutter.

Und er begreift, dass es kein rein eigener Antrieb ist, der ihn jetzt, da sie alt ist, dazu bringt, immer wieder nach ihr zu sehen, sich um sie zu kümmern. Er macht es, weil es sich so gehört. Weil man sich um seine Mutter kümmern muss, so wie man sich für Mitmenschen einsetzt, für Hilfsorganisationen spendet; weil man nicht gleichgültig sein darf, weil man moralische Maßstäbe hat. Aber nicht aus Liebe.

Oder?

Eigentlich hat das Kind gar keine Möglichkeit, seine Mutter nicht zu lieben, immer sucht es die Nähe des

Körpers, den es verlassen hat. Die Nabelschnur wurde durchgeschnitten, aber die Abnabelung ist nie vollständig, und die Zurückweisung durch die Mutter, wenn sie erfolgt, führt beim Kind zu dem schmerzhaften Gefühl, etwas falsch gemacht zu haben, schuldig zu sein und das auf irgendeine Art kompensieren zu wollen. Wolfgang kümmert sich um die alte Frau, sucht dabei gleichzeitig eine nie erfahrene Nähe und wird so häufig enttäuscht. Fast jeder Besuch endet im Streit. Manchmal sind es nur ein paar bissige Bemerkungen von beiden Seiten, manchmal massive Vorwürfe. Manchmal aber, seltener, scheint es zu gelingen, die beiden kommen sich nahe und es leuchtet kurz auch Zärtlichkeit auf in den Worten, die sie aneinander richten. Immer nur dann, wenn Wolfgang entspannt ist, keinen Termindruck hat, nicht zu viele Jobs, die ihn ständig nach der Uhr sehen lassen. Es liegt auch an mir, denkt er. Oft gebe ich ihr gar keine Chance.

Aber er begreift auch, dass selbst die wenigen nahen Momente nicht diese Lücke füllen können, die in den Monaten nach seiner Geburt gerissen wurde. Ein großes Loch. Irgendwie muss ich es selbst füllen, denkt er. Aber wie.

Als er im Frühling zur jährlichen Kontrolle fünf Tage in Kleinwachau verbringt, geht es nach den medizinischen Untersuchungen wieder um die ketogene Diät. Immer noch kann und muss er dazulernen, Frau Böhme erläutert, überwacht sein Wiegen, Mengen, Backen und

Kochen, die junge Frau könnte seine Tochter sein und kümmert sich mütterlich um ihn.

Andere Patientinnen fragen ihn, wie er das durchhält.

Kein Bier?

Kein Problem.

Keine Kartoffeln?

Auch keine Nudeln, kein Reis.

Könnt ich nicht.

Und sie erzählen von ihrem Umgang mit der Epilepsie. Er erfährt von ausgebildeten Hunden, die anschlagen, sobald sich ein Anfall nähert. Andere horchen selbst in sich hinein, tief hinein, haben gelernt, die ersten, winzigen Anzeichen einer Aura wahrzunehmen, und können den drohenden Anfall dann mit Fokussierungen und einer besonderen Atemtechnik aufhalten, gehen wöchentlich in Selbsthilfegruppen, wo sie sich mit anderen austauschen und immer wieder Neues erfahren. Zum Beispiel, dass auch besondere Gerüche helfen können. Lavendel, hat jemand gesagt, wenn ich merke, dass ein Anfall kommt, schnuppere ich an einer dieser Ampullen mit Lavendelöl, wissen Sie, die man uns verschreibt, und meist kann ich ihn damit aufhalten.

Ich mache nichts, denkt Wolfgang. Ich überlasse alles den Ärzten und Medikamenten. Und wenn ein Anfall sich ankündigt, lass ich ihn geschehen. Ich habe mich gar nicht selbst in der Hand. Ich schiebe die Epilepsie auf die Seite, ich lebe nicht mit ihr, wie es Dr. Mayer angeraten hat, ich lebe neben ihr. Ich verdränge. Du bist doch kein Epileptiker!, hat Mutter gesagt. Ich bin ein großer Verdränger. Alles, was mit Krankheit zu tun hat, nicht nur die Epilepsie. Mein Kopf filtert und schiebt alles Kranke in eine hintere Ecke, und da finde ich es oft nicht wieder, weil da so ein großes Durcheinander herrscht.

Er denkt an etliche peinliche Momente, wenn er Leute getroffen hat, von deren gerade diagnostizierter oder überstandener Krankheit er eigentlich hätte wissen müssen, aber er fragt sich beim Händeschütteln: War das jetzt eine Gürtelrose oder eine Zahnentzündung, ein Bandscheibenvorfall oder Diabetes? Grippe, Gallensteine, Brustkrebs? Molière hats schwer.

Von Kleinwachau fährt er direkt zu einem Festival, wo das *theatre du pain* zwei Vorstellungen gibt. In einer Szene ziehen Hans und Mateng ihn an einem Tragegurt über einen Flaschenzug auf acht Meter Höhe, wo er schwebend schwadronieren muss. Als er wieder unten ist, meldet sich die rechte Hüfte, wie so oft in letzter Zeit; er hat alles getan, auch das zu verdrängen, aber die Hüfte lässt sich nicht abweisen, klopft immer wieder an, will ausgewechselt werden. Zurück in Wuppertal, wo er zwei Tage Pause vor dem nächsten Auftritt in Bremen hat, kommt plötzlich der nächste Schmerz, derselbe wie im letzten Jahr, und er weiß: Das ist wieder eine Divertikulitis, die lässt sich auch nicht verdrängen, die ist gefährlich, die will ins Krankenhaus. Wolfgang nicht, er möchte da nur eine kurze medikamentöse Behandlung bekommen und dann nach Bremen. Nichts da, wird ihm gesagt, eine Woche bleiben Sie mindestens hier.

Ketogene Diät? Kennen wir nicht. Können wir nicht. Wir haben hier auch keine Küche, kriegen das Essen doch von auswärts geliefert, und die haben so etwas bestimmt nicht. Vegetarisch geht, aber das, was Sie da möchten ... wie heißt das gleich?

Der Ketonspiegel wandert in den Keller und kommt von nun an auch für eine längere Zeit nicht mehr nach oben. Wolfgang wird eine Operation empfohlen. Sonst komme unweigerlich irgendwann die nächste Divertikulitis. Ein Stückchen Darm sollte er schon noch entbehren können.

Als er vom Beifahrersitz Birgit zusieht, wie sie die Gänge einkuppelt, den Blinker setzt, denkt er an ihre Trennung, schon so lange her, schon fast vergessen. Was habe ich eigentlich falsch gemacht, damals? Und was habe ich bei Franziska falsch gemacht? Ich habe mich nie richtig darauf eingelassen, vielleicht war es das? Birgit summt etwas vor sich hin, ist ganz bei sich und ganz mit ihm.

Anfang September, sie sind auf dem Weg nach Recklinghausen: Hast dus am Arsch, geh nach Recklinghausen, die beste Arschäologie weit und breit findest du in Recklinghausen, hat man ihm gesagt.

Natürlich bring ich dich hin, hat Birgit gesagt. Hast du Schiss vor der OP?

Nein. Die machen das schon.

Er ist froh, seinen Körper einfach wieder in andere Hände geben zu können. Einzig um seine Ernährung muss er sich selbst kümmern. Aber ohne Erfolg: Die ketogene Therapie interessiert auch hier nicht, hier geht es um eine heftige Operation, nicht um die Epilepsie, hier wird ihm immerhin was von einem Körperteil weggeschnitten.

Zehn Tage bleibt er in Recklinghausen, wieder einmal Schonkost, Breis mit wenig Geschmack, sodass er froh ist, nach der Entlassung die ketogene Diät neu starten zu können. Er soll sich weiterhin schonen, bis November nicht arbeiten, keine körperliche Anstrengung, nicht Trompete spielen. Hans und Mateng dehnen seine Schonzeit weiter aus: Die Novembertour mit zwanzig Auftritten wollen sie zu zweit bestreiten, mach dir keine Sorgen, wir machen das schon, werde erst mal gesund. Nur beim Auftritt in Wuppertal darf er dabei sein, bei dem fast die Hälfte der Nummern neu besetzt ist, von Frauen, darunter Birgit und Amanda.

Zwangspause. Dann kann ich mich auch gleich um die Hüfte kümmern, denkt er sich. Der Arzt zeigt ihm auf dem Röntgenbild die Arthroseschäden. Die muss raus, sagt er. Runderneuerung.

Aber vorher wird noch ein Film gedreht.

Wolfgang läuft durch die Wuppertaler Nordstadt, Musik, die Kamera folgt ihm, wie er ein Café betritt, einen Espresso bestellt, sich dann an einen Tisch setzt und frei erzählt: seit wann er unter Epilepsie leidet, seit wann er sich ketogen ernährt und wie gut es ihm tut. Seit sieben Monaten anfallsfrei. Dann verlässt er den Ort, schwingt sich auf sein Rad und fährt fröhlich von dannen, vor den malerischen Kulissen der Nordstädter Gründerzeithäuser, ausklingende Musik.

Ein Imagefilm der Firma, deren Produkte er jetzt regelmäßig nutzt: fertige Mischungen, die ihm bei den Zubereitungen helfen, jeweils mit der Anzeige eines bestimmten Anteils von Fett, Eiweiß und Kohlenhydraten versehen, ein Getränk, das er als vollwertige Mahlzeit zu sich nehmen kann, wenn er unterwegs ist. Die Firma bietet auch für andere Krankheiten die Lebensmittel der entsprechenden Diäten an, außerdem unterstützt sie die Betroffenen, die Ärzte und die Ernährungsfachkräfte.

Hier arbeitet eine Frau, die er bald Tina nennen wird, die Ernährungswissenschaftlerin Frau Meyer, sie hat ihn vorher angerufen und um seine Teilnahme gebeten. Das Konzept des Films und das Drehbuch stammen von ihr, sie führt die Regie, sie ist die unsichtbare Gesprächspartnerin, zu der er dann im Film spricht, sie gibt ihm Tipps, trinkt auch danach noch einen Espresso mit ihm. Er weiß noch nicht, dass er sie bald Tina nennen wird, aber er wünscht es sich jetzt schon. Er lädt sie für den nächsten Abend ein, an dem er mit dem *theatre du pain* und der Frauenbesetzung auftritt. Sie sagt, vielleicht komme sie. Es klinge interessant, was er da erzähle.

Der Auftritt funktioniert, Amanda und Birgit zusammen auf der Bühne, da geht einem das Herz auf. Nach der Vorstellung gibt es Umarmungen, viele Hände zu schütteln, und erst als Wolfgang den Saal verlässt, sieht er Frau Meyer. Sie hat draußen auf ihn gewartet. Tatsächlich.

Am Tag darauf machen sich Hans und Mateng auf den Weg zum nächsten Spielort, Wolfgang bleibt zurück und bereitet sich auf den nächsten Krankenhausaufenthalt vor. Wieder eine Unterbrechung der ketogenen Diät.

Als er aus dem OP zurück ist, wieder im Krankenzimmer liegt, hat er eine neue Hüfte. Ein Ersatzteil aus Metall. Das bleibt von mir übrig, wenn man mich verbrannt haben wird, Asche und das Ersatzteil. Passt vermutlich dann nicht mehr in die Urne. Wird eingeschmolzen, für ein nächstes Ersatzteil oder eine Suppenkelle oder einen Fahrradrahmen, Wiedergeburt und Auferstehung.

Er fühlt an seiner Hüfte entlang. Ein Schlauch für Blut und Wundwasser tritt aus dem Verband aus. Ein zweiter aus seinem Penis. Dick, durchsichtig und aus Plastik. Den hat man also hineingeschoben, er hat das gar nicht richtig wahrgenommen und möchte sich den Vorgang lieber nicht vorstellen. Kein Schmerz, aber ein seltsames Gefühl. Ein fremdes Tier, das in ihn hineingekrochen ist. Unmöglich zu denken, dass der Penis jemals noch zu etwas anderem als zum Wasserlassen dienen könnte.

Am nächsten Tag schon, als die Krankenschwester gerade seinen Verband gewechselt hat, fällt ihr offenbar ein, was sie noch vergessen hat, ohne Vorwarnung schlägt sie seine Bettdecke wieder zurück und greift mit ihren warmen Händen fest und entschlossen seinen Penis. Es ist schon vorbei, bevor es ihm bewusst geworden ist, nur der plötzliche brennende Schmerz bleibt noch einen kurzen Moment.

Entschuldigung, sagt sie, und legt den Drainageschlauch zum alten Verbandsmaterial auf den Nachttisch.

Und jetzt versuchen Sie mal aufzustehen.

In Bad Sassendorf ist alles auf Fälle wie seinen ausgerichtet. Er hat schon gelernt, die Strumpfhilfe zu benutzen, sodass er Socken und Thrombosestrümpfe selbstständig anziehen kann, ohne den Rumpf beugen zu müssen. Man hat ihm gezeigt, wie er Treppen steigen kann mit seinen Krücken, die er aber jetzt nicht mehr Krücken, sondern Gehhilfen nennen soll. Wird die zweite Silbe betont, sind sie Gehilfen. Ihm sind sie als Krücken lieber. Hier im Kurort, wo er seine Rehawochen verbringt, gibt es kaum Treppen und Stufen, die Bürgersteige sind an den entscheidenden Stellen abgesenkt, und in den Cafés finden sich überall Halterungen, in denen er seine Krücken abstellen kann. Wenn man sie nur an die Wand lehnt, rutschen sie unweigerlich daran entlang und knallen hin. Und man nutzt die Aufmerksamkeit, die durch den Krach entstanden ist, um zu bitten, ob sie jemand aufheben kann.

Wenn er nach seiner letzten Anwendung am Tag, meist ist es eine Fangopackung, nach draußen geht, muss er durch einen Kordon von Weihnachtsmarktbuden, es riecht verlockend nach Erbsensuppe in diesem feuchtdunklen November, aber die darf er nicht. Ketogen? Aber ja, natürlich, kein Problem, hat man ihm gleich bei der Ankunft gesagt. Und an einem der ersten Tage ruft auch schon die an, die er später Tina nennen wird.

Wie es denn so laufe mit der ketogenen Diät. Ob er nichts vermisse.

Doch, schon. Manchmal hat er so eine plötzliche Lust auf Süßes. Schokolade.

Aber das ist doch kein Problem.

Am nächsten Tag erhält er ein Päckchen. Von Amanda? denkt er, wie lieb. Aber es ist von Frau Meyer. Am Tag zuvor noch muss sie ihm nach dem Telefonat ketogene Schokolade zubereitet haben, liebevoll verpackt und versandt. Das geht eindeutig über Kundenservice hinaus. Er ruft sie an, sich zu bedanken. Und Frau Meyer bietet an, ihn zu besuchen.

Jetzt nennt er sie Tina.

Tina muss eine Fee sein, sie erfüllt all seine Wünsche. Sie geht auf ihn zu, macht den ersten Schritt, obwohl sie so viel jünger ist als er, und wischt den Altersunterschied fort. Sie kennt seine Krankheit, hilft ihm dabei, die Ketose zu halten und nichts dafür einbüßen zu müssen außer weiteren Kilos. Sie trennt sich von ihrem Mann und wird frei, auch für Wolfgang.

Das ist eigentlich zu viel an Verantwortung, Wolfgang denkt an die junge Russin, die damals plötzlich alles hinter sich gelassen hat und zu ihm in die Luisenstraße gezogen ist. Aber bei Tina ist es ganz anders. Sie will nicht einen Mann gegen einen anderen eintauschen, sondern braucht selbst ihren neu gewonnenen Freiraum, und so lässt sie auch ihm den seinen. Er kann alles auf sich zukommen lassen, sich in ihre Hände begeben. Warme Hände. Er braucht nicht zu liefern, braucht nicht zu versuchen, jünger zu erscheinen als er ist, weibliche Wärme, wohltuend, ohne geforderte Gegenleistung.

Alle Wünsche erfüllt. Eine Fee.

Um Sex geht es nicht.

Vielleicht ist sie keine Fee, sondern ein Engel, von Gott oder Gatt geschickt. Oder von Dr. Mayer, wofür die Namensgleichheit spräche.

Und Engel fickt man nicht.

Obgleich dazu eine Anleitung von Bert Brecht vorliegt, Über die Verführung von Engeln: „Steck ihm die Zunge in den Mund und lang ihm untern Rock, bis er sich nass macht, stell ihn, das Gesicht zur Wand, heb ihm den Rock und fick ihn." Auch wenn er dem Leser zum Schluss noch die Mahnung mitgibt, dem Engel bei der Vergewaltigung nicht die Flügel zu zerdrücken, hat Brecht damit doch den brutalen Zusammenstoß zwischen den Worten Engel und Ficken nicht abgefedert. Engel und Liebe, das geht, Engel und Sex auch gerade noch, aber Engel und Ficken?

Doch selbst wenn er es anders nennen würde, vögeln, Liebe machen, miteinander verschmelzen: Der frisch verliebte Wolfgang ist auch frisch operiert. Und wenn er wollte und wenn sie wollte und wenn sie beide wollten: Er dürfte gar nicht, denn dazu müsste er die nagelneue und jungfräuliche Hüfte beanspruchen, und die Narbe ist noch lange nicht verheilt. So bleibt ihm die Umarmung, mit nur einem Arm, der andere stützt derweil den Körper auf der Krücke ab.

Statt weiterer Engel schickt uns Gott oder Gatt jetzt das Coronavirus. Im Dezember wütet es schon in Italien und rückt näher, unaufhaltsam. Rolli nimmt es im Zug von Österreich, in den auch Skitouristen aus Ischgl eingestiegen sind, mit zu sich nach Wuppertal, verliert Geruchs- und Geschmackssinn und erfährt in seiner Quarantäne nur durch das Telefon von Wolfgangs Engelserscheinung.

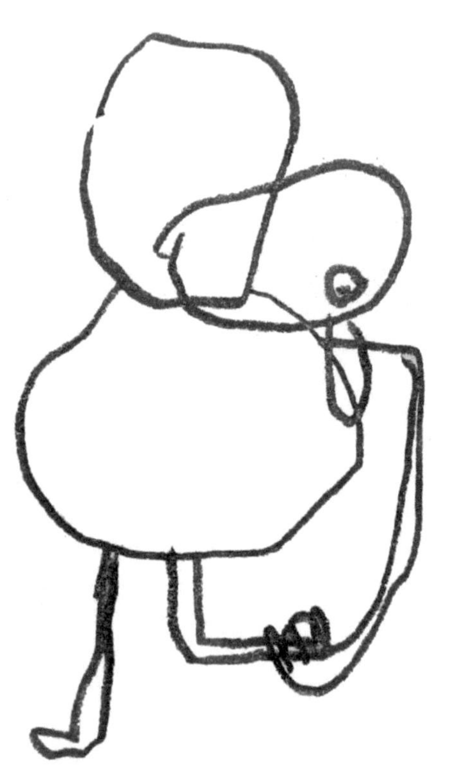

10 Der Groschen fällt

Maskierte Menschen im Bus, im Zug, im Laden. Wir schützen uns vor der Krankheit und die anderen vor uns. Krankheit ist überall, dringt in jeden Alltag ein, in jedes der Gespräche, bei denen Masken die Stimmen dämpfen. Eine ruhige Zeit. Wir verbringen die Abende zu Hause, trauen uns nicht raus – aber da draußen geschieht abends sowieso nichts, kein öffentliches Leben. Die Medien melden uns Schwerkranke und Tote, und wir ziehen uns noch weiter in uns selbst zurück.

Wer jetzt kein Haus hat, baut sich keines mehr.

Wer jetzt allein ist, wird es lange bleiben.

In Wolfgangs Nachbarschaft, irgendwo in den Häusern gegenüber, gibt es einen Trompeter. An jedem Tag gegen 18 Uhr hört man ihn spielen. Der Mond ist noch gar nicht aufgegangen, aber er spielt immer dieses eine Lied von manchen Sachen, die wir getrost verlachen, weil unsere Augen sie nicht sehen. Fenster der umliegenden Häuser werden geöffnet, man sieht ganze Familien auf Balkonen, vereinzelt singt jemand den Text dazu, andere vom Nebenbalkon fallen ein, und Wolfgang ist versucht, mit seinem Euphonium eine zweite Bläserstimme draufzusetzen, aber dann entscheidet er sich jedes Mal doch fürs entspannte Zuhören.

Wird wachen, lesen, lange Briefe schreiben.

Aber er ist nicht allein.

Tina zieht um, ein paar hundert Kilometer näher an Wuppertal, näher zu Wolfgang. Sie brauchen keine gemeinsame Wohnung, um sich täglich des anderen zu vergewissern.

Corona hat überall den Veranstaltungsbetrieb lahmgelegt, bei Wolfgang fallen vier bisher geplante Projekte für 2020 aus, eines mit dem *theatre du pain* kann noch stattfinden. Open Air, an der frischen Luft verbreitet sich das Virus nicht so schnell, das geht noch, sogar zwei Abende mit jeweils zwei Vorstellungen, wenn auch mit streng begrenzten Zuschauerzahlen, damit Abstand gehalten werden kann.

Nein, noch mehr werde ich nicht reinlassen, sagt der Mann am Einlass. Bei Mateng haben sich plötzlich noch Freunde gemeldet, die die Vorstellung sehen möchten, sind gerade in der Gegend.

Da vorne kann man noch eine Bank hinsetzen, sagt Mateng, da wird immer noch genug Abstand gehalten.

Haben die denn auch Karten? Nein, natürlich nicht! Ist ja ausverkauft. Sollen umsonst rein, nehme ich an, ja? Immer wollt ihr noch mehr Leute auf die Gästeliste setzen.

Die zahlen auch, sagt Mateng. Noch bleibt er fast freundlich.

Ich habe die Kasse schon abgerechnet.

Dann trägst du eben noch was nach, sagt Mateng, jetzt etwas lauter.

Nee, mach ich nicht, ich lasse keinen mehr rein. Da kannst du dich auf den Kopf stellen.

Jetzt wird Mateng laut. Auf der Bühne ist er perfekt darin, sich sehr kontrolliert aufzuregen, den Tobsüchtigen zu spielen und gleich wieder in eine andere Rolle zu verfallen. Hier und jetzt aber ist er nicht kontrolliert, er tobt, er brüllt. Und er kommt auch nicht mehr richtig raus aus diesem Verhalten, als er hinter der Bühne auf Wolfgang trifft.

Ich packe meine Sachen. Ich haue ab!

Kannst du nicht machen.

Wirst du schon sehen!

Mateng sitzt schon im Auto, als Hans dazukommt. Mateng brüllt weiter, Hans gelingt es mit Mühe, ihn zu beruhigen und zurück in die Garderobe zu bringen.

Wie immer kurz vor Auftritten sind beide jetzt sehr aufgekratzt, wie immer fragen sie Wolfgang, ob bei ihm alles in Ordnung sei. Er sei so furchtbar ruhig.

Ich habe das Gefühl, ich bekomme gleich einen Anfall, sagt Wolfgang. Das hat er noch nie getan: jemandem mitgeteilt, dass sich da was anbahnt.

Doch, ich kann spielen, beruhigt er die beiden.

Er weiß aus Erfahrung, dass, wenn er einmal richtig in seiner Rolle ist, keine Anfälle kommen. Immer wenn er den Sprung von der privaten auf die Bühnenebene geschafft hat, sich voll auf seine Aufgabe konzentrieren konnte. Die Absence während des Auftritts auf dem Kreuzfahrtschiff erklärt er sich zum Beispiel damit, dass er für das Keyboard damals nicht die nötige Sicherheit mitbrachte. Jetzt ist das anders, sagt er sich. Jetzt lenkt mich nichts ab.

Stimmt aber nicht. Der Streit mit Mateng wirkt nach.

Zu Beginn der Vorstellung stehen Wolfgang und Mateng im Publikum, Hans mimt auf der Bühne einen Versammlungsleiter, Sehr verehrte Anwesende, er stellt ein Anliegen vor. Mateng und Wolfgang melden sich zu Wort, haben Einwände. Zuerst darf Mateng sprechen, Sehr verehrter Herr Vorsitzender, sagt er und erläutert. Anschließend wird Wolfgang das Wort erteilt, aber er hat keins. Er sagt nichts, er sieht Hans leer an, dann sinkt sein Kopf ihm auf die Brust.

Hans ist für das Publikum immer noch Versammlungsleiter und nicht der Veranstalter, der jetzt die Vorstellung mit dem Hinweis unterbricht, sein Kollege habe gerade einen epileptischen Anfall. Ach ja, denkt man, mal schauen, was die sich als Nächstes haben einfallen lassen. Und sie sehen, wie Tina und ein weiterer Zuschauer aus der ersten Reihe Wolfgang, der bei Berührung kurz den Kopf hebt, in die Mitte nehmen und behutsam zu einem Stuhl führen. Er setzt sich und der Kopf sinkt wieder auf die Brust.

Wir werden – mit Ihrem Einverständnis – ohne ihn weiterspielen, sagt Hans. Sie bringen die Vorstellung zu zweit zu Ende. Und bei der nächsten Vorstellung, nur ein paar Stunden später, ist Wolfgang schon wieder dabei.

Das geht nicht so weiter, sagt Hans trotzdem, als sie Wochen später in Wuppertal zusammensitzen. Sie haben sich Wolfgangs Arzt Mike hinzugeholt, der ihnen in seiner Funktion als Psychotherapeut eine Supervision angeboten hat. Wolfgang hat geglaubt, es gehe vornehmlich um Matengs Streit mit dem Mann am Einlass. Aber die meiste Zeit in diesen veranschlagten zwei Stunden geht es um ihn, um seine Anfälle und deren Unberechenbarkeit.

Ich kann das nicht mehr, sagt Hans.

Bis jetzt habt ihr das doch immer ganz gut hingekriegt.

Aber es ist eine enorme Belastung, sagt Hans. Ich bin nicht richtig frei zum Spielen, die Präsenz leidet enorm. Ich denke immer, gleich muss ich wieder die Situation retten. Aber wie? Und ich sehe dich da im Publikum sitzen, Kopf auf die Brust gefallen, und denke daran, wie dir jetzt geholfen werden kann. Und gleichzeitig daran, wie es auf der Bühne weitergehen soll.

Brauchst dir doch gar nicht solch einen Stress zu machen, sagt Wolfgang. Du kannst einfach abbrechen. Den Abend beenden. Es kommt oft genug vor, dass Vorstellungen wegen Krankheit ausfallen. In diesen dreiundzwanzig Jahren, die wir zusammen spielen, während dieser hundertwerweißwievielen Vorstellungen hatte ich auf der Bühne vielleicht zehn bis fünfzehn Anfälle. Aber nie ist eine Vorstellung ausgefallen. Anfälle ohne Ausfälle. Das lässt sich doch eigentlich verkraften. Brich einfach mal die Vorstellung ab und schick die Leute nach Hause, wenn es dir in einer solchen Situation zu viel wird.

Will ich aber nicht, sagt Hans. Und so kann ich es nicht mehr.

Wolfgang denkt an Winni, der ihm vor einigen Jahren dasselbe gesagt hat. Mike hat die Auftritte des *theatre du pain* schon lange nicht mehr besucht, viel später sagt er, warum. Im Rückblick erzählt er Wolfgang, wie schwer ihm als Arzt jedes Mal das Zuschauen gefallen ist. Da kann man sich nicht einfach zurücklehnen und genießen, wenn man weiß, dass da ein Patient und Freund auf der Bühne steht, der vielleicht ganz plötzlich deine Hilfe braucht.

Und Wolfgang sieht, was seine Epilepsie für andere, gerade auch für die Freunde, bedeuten kann. Er überlegt, beim *theatre du pain* auszusteigen.

Aber erst einmal ist sowieso Coronapause: keine Auftritte, keine Reisen, kein Geld. Es wird finanziell enger, es geht ans Eingemachte. Aber das hat sein Gutes: Auf einmal gibt es Zeit, die übrig ist, die verbleibt. Die gar nicht unbedingt gefüllt werden muss, sie darf einfach vergehen, während Wolfgang in aller Ruhe sein ketogenes Brot vorbereitet.

Auch die halbjährliche Untersuchung im August in Kleinwachau beruhigt: Offenbar wirkt die ketogene Diät im Zusammenspiel mit der Medikation. Jetzt darf er seine tägliche Ration an Kohlenhydraten von fünfzehn Gramm verdoppeln, das bedeutet, er darf zum Beispiel jetzt sein Abendessen von einem Bier begleiten lassen, einem kalorienarmen, aber immerhin. Im Sommer ein Wanderurlaub an der dänischen Ostseeküste mit Tina, die neue Hüfte macht mit, solange er sich daran hält, nur ganz leichtes Gepäck zu tragen.

Kein Anfall, alles gut.

Tina wirkt, die Tabletten wirken, aber auch die durch die Coronapause erzwungene Ruhe wirkt. Wolfgang hat das Gefühl, sich erst jetzt richtig mit seiner Krankheit beschäftigen zu können, erst jetzt das umzusetzen, was Dr. Mayer meinte, als er davon sprach, man müsse mit der Krankheit leben. All die Projekte, in denen er arbeitet, die miteinander koordiniert werden wollen, all die kurzfristigen Auftritte und Reisen, die genau getakteten Tage der jeweiligen Proben und Vorbereitungen erscheinen ihm allmählich wie Bestandteile einer großen Ausflucht. Immer wieder ließ sich die Krankheit an die Seite drängen, bis sie sich dann selbst für kurze Zeit den Weg in die Mitte suchte. Wenn man vor lauter Zeitdruck und Arbeit nicht mehr weiß, wo einem der Kopf steht, schüttelt man ihn mitunter. Und der Kopf schüttelt zurück.

Ja, die Ruhe wirkt.

Und warum wirkt die ketogene Diät? Sie beeinflusst den Stoffwechsel, sie führt zu einer anderen Nahrungsverwertung, sie wirkt im Verdauungssystem – aber warum auch im Kopf? Wie und wodurch? Und warum wirken die Medikamente, die Wolfgang täglich nimmt? Was passiert da eigentlich? Und nach einem Anfall: Warum verschwinden die Symptome wieder? Wer repariert da so schnell? Hinterlässt das Spuren?

Gut, dass noch solche Geheimnisse bleiben. Nicht alles erklärt sich, und von dem, was in unseren Köpfen geschieht, ist erst ein kleiner Teil erforscht, so wie wir in unserem Leben auch nur auf einen kleinen Teil der Kapazitäten unserer Hirne zurückgreifen. Noch kann man uns nicht vollständig durch Eigenbauten ersetzen, noch sind wir einzigartig, unverwechselbar, rätselhaft. Respekt bezeugen heißt, um dieses Geheimnis im anderen zu wissen, auch wenn er uns wie ein offenes Buch vorkommt. Wir respektieren das Rätsel. Und bleiben uns selbst ein Rätsel.

In der Tat, sagt Dr. Mayer, als im Oktober die nächste Untersuchung ansteht. So vieles, was wir noch nicht wissen. Und er erzählt von einem Patienten, der während der Messung seiner Hirnströme einen Grand Mal hatte – so zumindest laut Aufzeichnung des EEG. Doch er hatte gar keinen, nichts, keine Symptome. Und dann gibt es wieder andere, deren Anfall ganz eindeutig ist.

Einmal habe ihn die Polizei angerufen. Sie hätten da einen Herrn auf der Wache, der sich auf ihn berufe. Der sei in Unterhose einkaufen gegangen, konnte weder bezahlen noch sich ausweisen, aber sein Verhalten ganz vernünftig, in wohlgeordneten Sätzen, von seiner Epilepsie herleiten, und habe ihnen den Arzt als Bürgen genannt.

Sehen Sie, sagt Dr. Mayer, der hatte eine partielle Bewusstseinsstörung. Nur ein Teil seines Bewusstseins funktionierte nicht, alle anderen arbeiteten nach wie vor. Wie auch bei dem Patienten, dessen Anfälle sich in plötzlichen Lachsalven äußern, er könne sich dann einfach nicht mehr halten vor Lachen, ohne Grund, ohne Anlass, und könne auch nicht mehr aufhören damit. Der Mann ist sonst völlig klar, hat immer nur diesen Teilausfall als Anfall. Wir haben ihn während solcher Anfälle im Monitoring untersucht: Er konnte völlig uneingeschränkt reagieren. Also gefährdet er nicht den Straßenverkehr; ich habe ihm attestiert, dass er Autofahren darf.

Autofahren.

Wolfgang blickt auf.

Sie noch nicht, Herr Suchner.

Wolfgang denkt an seinen stillgelegten Citroën, und das tut fast weh.

Ihre kleinen Anfälle erleben Sie ja meist mit, das Bewusstsein ist noch da, nur die Sprache ist ausgeschaltet. Aber manchmal ist auch das Bewusstsein weg. Sollte die Diät weiter gut wirken und Sie bleiben ein ganzes Jahr lang ohne Anfall mit Bewusstseinsstörung, dann können wir noch mal darüber reden.

Fast drei Monate des Jahres sind schon geschafft, da kommt im Januar 2021 doch noch ein Anfall. Beim Spaziergang, Tina bemerkt ihn sofort, Wolfgang neben ihr zerkaut mit einem Mal unverständliche Töne. Sie spricht ihn an, fasst seinen Arm, schaut ihm in die Augen.

Keine Reaktion, sein Blick bleibt leer. Und er bleibt auch nicht stehen, wie ein Automat geht er im selben Tempo weiter wie zuvor.

In einem solchen Fall solle sie ihn testen, hat Wolfgang ihr von Dr. Mayer bestellt. Ein deutlich ausgeholter und im letzten Moment, einen Zentimeter vor dem Auftreffen, angehaltener Schlag ins Gesicht. Reagiert er?

Wolfgang blinzelt noch nicht einmal mit den Augen. Und als er später wieder zu sich kommt, weiß er zwar, dass da etwas war, aber er erinnert nichts. Bewusstsein fort, bewusstlos. Das anfallsfreie Jahr muss wieder von vorne gezählt werden.

Die Erklärung findet sich: Er hat am Abend zuvor vergessen, seine Tablette zu nehmen. Ärgerlich. Andererseits ist es beruhigend, die Ursache zu wissen, eine kleine Pille. Die, die alle zwölf Stunden dran ist, woran ihn eigentlich sein Mobiltelefon mit einem Entenquaken erinnert, er muss es überhört haben. Seit 1991, seit dem ersten Grand Mal, also mittlerweile seit dreißig Jahren, lebt Wolfgang mit diesem Zwölfstundenrhythmus, die verschiedenen, einander ablösenden Medikamente, die er seitdem schluckt, haben diese Halbtagswirkung. Hat er die Pille mal eine Stunde zu spät eingenommen, verschiebt sich auch der Rhythmus um eine Stunde, das ist dann nicht immer leicht nachzuhalten. Es ist auch schon öfter vorgekommen, dass er eine Pille ganz ausgelassen hat, so wie jetzt, aber das hatte nicht sofort einen Anfall zur Folge.

Das neue Medikament aus den USA mit der 24-Stunden-Wirkung ist in Europa noch nicht erhältlich, muss zunächst noch eine Studienphase bis zur Zulassung durchlaufen. Es bietet eine enorme Erleichterung, zumal für die Einnahme auch ein größeres Zeitfenster besteht: Es muss nicht immer nach exakt demselben Zeitraum, sondern kann innerhalb einer zweistündigen Toleranz genommen werden. Im April verbringt Wolfgang wieder einmal drei Wochen in Kleinwachau und er wird dort als Teilnehmer an der Studie auf das neue Medikament umgestellt. Ein Versuchskaninchen bin ich, denkt er. Ein schönes, beschönigendes Wort. Ein sanftes, weiches Kaninchen, und das gequälte Versuchsäffchen von den Plakaten der Tierversuchsgegner versteckt sich dahinter, löst sich auf.

Er hat einen kleinen Anfall während dieser äußerst sensiblen Zeit der Umstellung, in der das alte Medikament allmählich herunter- und das neue hochgefahren wird. Eine kurze Absence nur, die sich zudem noch leicht erklären lässt. Und trotzdem fängt das Jahr bis zum Auto jetzt schon wieder bei null an.

Ansonsten geht alles weiter, aber etwas anders als zuvor. Es gibt trotz Corona wieder Veranstaltungen, doch das *theatre du pain* hat wie alle Gruppen deutlich weniger Auftritte, auch für andere Projekte wird Wolfgang nicht so oft nachgefragt wie zuvor, und er sieht sich nach zusätzlichen Verdienstmöglichkeiten um. Bald erhält er ein Angebot: Er kann in einem Projekt der städtischen Jugendarbeit mitarbeiten, an dem auch sein Freund, der filmende Sozialpädagoge Uwe, beteiligt ist: Kinder von Migranten bauen Großpuppen und gestalten ihr eigenes Musiktheater. Pädagogische Arbeit also, die ihn immer wieder auch an Kinshasa und die *Fanfare Masolo* erinnern wird. Und an Winni.

Er ist mit einer Eva in jener Kneipe verabredet, in der er sich vor dreißig Jahren einmal vorgestellt hat, wer von den Gästen wohl zu den zehn Prozent gehörten, die bei einer anstehenden Gehirnoperation geschädigt würden. Die Kneipe, in der er damals so oft mit Peter Kowald war, gegenüber dessen Haus. Es ist Juli geworden, die meisten Gäste sitzen an den Tischen draußen, die vor dem Haus aufgestellt wurden. Hier drinnen ist es jetzt ruhiger.

Wolfgang kennt diese Eva gar nicht. Auf der Suche nach jemandem mit Erfahrungen im Puppenbau hat er ihre Nummer bekommen. Eine spannende Situation, wahrscheinlich wird er mit dieser Person jetzt eine längere Zeit zusammenarbeiten, und er weiß ja, wie entscheidend der erste Eindruck ist, selbst wenn der sich im Nachhinein als falsch herausstellt.

Eine Frau kommt herein, die könnte es sein, sie schaut sich suchend um, die Blicke treffen sich, er winkt sie an seinen Tisch. Er ist gut, dieser erste Eindruck. Man muss sich koordinieren, das Konzept im Detail besprechen und die Arbeitsteilung definieren. Als sie alle Punkte abgehakt haben, bleiben sie weiter am Tisch sitzen, haben sich immer mehr zu erzählen und Wolfgang merkt, wie vertraut sie ihm erscheint, obwohl er gerade erst dabei ist, sie kennenzulernen. Offenbar geht es ihr ähnlich. Sie stutzt und legt den Kopf zurück.

Komisch, ich sage dir da ziemlich private Dinge, obwohl ich dich gar nicht kenne.

Inzwischen ist es draußen etwas kälter geworden, Gäste sind hereingekommen und es wird lauter im Raum.

Er merkt es erst, als es vorbei ist. Er hat keine Aura in Erinnerung, die den Anfall ankündigte. Aber er weiß, dass Eva ihn mit einem Mal seltsam angesehen hat, ihn gefragt hat, ob es ihm gut gehe, und er hat nicht antworten können. Raus mit der Sprache. Aber da ist keine.

Er weiß, dass sie telefoniert hat.

Ja, das war der Rettungswagen, sagt sie, der kommt gleich.

Um Gottes Willen, nein!, sagt er, denn er ist wieder da, kann schon wieder sprechen. Gerade noch rechtzeitig wird der Rettungswagen abbestellt, der ihn sonst vermutlich gleich ins Krankenhaus gebracht hätte. Wolfgang erzählt Eva von dem Erlebnis vor ein paar Jahren, als Uwe ihn ins Krankenhaus gebracht hat, derselbe Uwe, der jetzt im Projekt mitarbeitet. Davon, dass man ihn im Krankenhaus als Epilepsiekranken nicht zu behandeln wusste, seinen Blutdruck maß, seine Cholesterinwerte überprüfte, aber nicht seinen Medikamentenspiegel. Gar nicht nötig.

Blöde Situation, sagt er. Da musst du als Kranker den Ärzten erklären, was sie zu tun haben. Lästig, ärgerlich. Lass uns lieber hier noch was bestellen.

Zwei Monate später dann der nächste Anfall, bei einer Musikprobe. Nur ein ganz kleiner, aber das Jahr geht wieder zurück auf null. Wieder ein herber Rückschlag. Was er noch nicht weiß: Diesmal wird es ganz durchlaufen, diesmal wird es wirklich ein anfallsfreies Jahr.

Neben der pädagogischen Arbeit gibt es Proben und Auftritte mit Improvisationsmusikern, mit dem *theatre du pain*, mit dem Tänzer Jean, der sein Projekt „Mein Schloss“ wieder aufgegriffen hat und es in Berlin, dann auch in Japan vorstellt. Wolfgang fliegt nicht mit nach Japan, macht lieber mit Tina den schon lange geplanten Urlaub im Wendland. Ein warmer Sommer mit Frühstücken auf der Wiese und ausgedehnten Spaziergängen.

Tina und er wohnen weiterhin getrennt, verbringen aber alle Wochenenden zusammen. Ein- bis zweimal in der Woche nimmt er den Bus nach Langenberg, wo er sich um seine Mutter kümmert, ärgert sich jedes Mal über die zeitraubende Hin- und Rückfahrt, oft über die alte Frau und manchmal auch über sich selbst, schraubt abends dann aber zuversichtlich am Citroën, mit dem er Langenberg in der Hälfte der Zeit erreichen könnte.

Im September 2022 ist das Jahr um. Ein gutes Jahr. Amanda hat eine Tochter bekommen, Wolfgang ist Opa. Viele, viele Glücksmomente, in denen er den Kopf des Kindes in seine Armbeuge bettet und den Augenkontakt sucht, Glücksmomente ungetrübt, keine Angst vor Anfällen. Und es kommen keine.

Keine Anfälle mehr, aber der Citroën ist noch nicht bereit. Und als er dann fertig ist, ist Wolfgangs Coronatest positiv. Im November erst darf Wolfgang ans Steuer. Doch er fährt nur selten, die Zeit der Verbrennungsmotoren läuft aus. Nur nach Langenberg. Sonst ist er weiter mit dem Rad unterwegs. Oder zu Fuß.

Die Hochstraße in Elberfeld fällt steil ab ins Stadtzentrum, und wer hier auf dem Rad sitzt, muss sich auf die Bremsen verlassen können. Und wenn er den

Schwung mit in eine rechts abbiegende Straße nehmen will und daher nicht stark abbremst, muss er die Fliehkraft berücksichtigen, die ihn aus der Kurve tragen könnte. Wenn er jetzt allerdings die Kurve zu eng nimmt, hat er wegen der dichten Bebauung keinen Einblick in die Straße und sieht mögliche Fußgänger erst so spät, dass er trotz verlässlicher Bremsen nicht mehr rechtzeitig stoppen kann.

Wolfgang ist heute zu Fuß unterwegs in die Innenstadt und hat die Straße fast überquert, als er aus dem Augenwinkel den Radfahrer bemerkt und im selben Moment den Schlag gegen die linke Schulter spürt, der ihn sofort auf den Asphalt wirft, Wolfgang fällt um. Der Kopf, dieser knochengepanzerte Behälter zweier blutdurchströmter, störungsanfälliger Hirnhälften, knallt hart auf den Boden, aber er hält. Nur wenige Zentimeter weiter hätte ihn die Bordsteinkante aufbrechen können, sagt er sich später. Er vernimmt den dumpfen Schmerz, hört Stimmen, die dem flüchtenden Radfahrer „Arschloch! Bleib gefälligst stehen!" hinterherrufen, und rappelt sich mühsam hoch, Wolfgang steht auf. Noch alles dran. Der Kopf brummt, aber sonst tut nichts weh. Jemand bietet ihm an, ihn ins Krankenhaus zu begleiten, dessen Eingang nur fünfzig Meter entfernt ist, aber er wehrt ab. Alles gut.

Am nächsten Tag hat er immer noch Kopfschmerzen, hinzu kommen Schwindel und Übelkeit. Also doch ins Krankenhaus. Der Kopf, immer wieder der Kopf, denkt Wolfgang, als er für eine Computertomographie in die Röhre geschoben wird.

Eine heftige Gehirnerschütterung, sagt der Arzt nach der Untersuchung. Mindestens eine Woche lang darf er sich nicht anstrengen, nicht arbeiten, aber auch weder lesen noch fernsehen, der Kopf braucht völlige Ruhe.

Ich hätte doch Meditieren lernen sollen, denkt er, dann könnte ich auch das Denken abstellen, nicht überlegen, wen ich alles anrufen muss, um Termine einzuhalten oder abzusagen, und welche Folgen das haben kann, ich könnte stattdessen eine heilsame Leere herstellen, den Kopf ausschalten, kopflos den Alltag leben. Im Meditieren das Nichts kennenlernen, aus dem wir kommen und in das wir alle eines Tages wieder hineinrutschen werden, dieses Nichts im Jetzt schon spüren. Etwas, das er als Ahnung, als Verdacht auch vor seinen Absencen immer mal wieder wahrnimmt, die Aura mit diesem Gefühl von Weite, unermesslicher Weite, die die Grenzen des eigenen Körpers mitsamt Kopf überschreitet.

Für den Abend hat sich Besuch angekündigt. Ich komme mal kurz vorbei, hat Rolli am Telefon gesagt. Und ich bringe mir eine Flasche richtiges Bier mit, so was Gutes hast du armer Kohlenhydratloser ja nicht im Haus. Dann erzählst du mal alles in Ruhe, das mit deinem Kopf.

Hat ja vielleicht auch was Gutes, so ein Rumms, sagt er, als Wolfgang geendet hat.

Was ist gut daran?

Nimm den Getränkeautomaten bei mir auf der Arbeit. Da bleibt ständig die Münze stecken. Inzwischen trete ich schon automatisch beim Einwurf gleichzeitig mit dem Fuß an das Blechgehäuse, dass es nur so scheppert. Rumms. Und die Münze rutscht durch. Wenn genau so was bei dir passiert ist? Der Groschen ist gefallen! Kopf wie neu! Keine Anfälle mehr, nie mehr!

Und er lacht laut über seinen Witz.

Sehr lustig, sagt Wolfgang.

MENSCHEN mit Epilepsie sind immer besondere Menschen

Dr. Thomas Mayer,
Chefarzt im Epilepsie-Zentrum Kleinwachau

Viele Ärzte lieben die Kunst und die Künstler:innen und beneiden sie um ihre Möglichkeit Zeit einzuteilen, ihr Talent zu nutzen, um etwas Neues, Kreatives zu gestalten. Zwar haben Künstler:innen oft nur wenig Geld und nicht genug Aufträge oder auch zu wenig Zeit für alle Aufträge, und es gibt auch Abhängigkeiten von Sponsor:innen und Auftraggeber:innen. Aber im Unterschied zum ärztlichen Beruf ist doch vieles freier gestaltbar, kreativer und nicht so terminiert wie zum Beispiel eine Sprechstunde.

Als Arzt muss man sich nach dem Studium für eine Fachrichtung entscheiden – für mich war Neurologie die richtige. Zuerst arbeitete ich als Zivildienst leistender Arzt in einem Kreiskrankenhaus und wurde schnell mit vielen Patient:innen mit unterschiedlichen Erkrankungen konfrontiert, mit spannenden Anforderungen, die nach drei Jahren dazu führten, dass ich mich verändern, mehr in die Tiefe gehen wollte. Auch dort im Krankenhaus begegnete mir schon Epilepsie. Mich hat sehr der große Anfall eines Mannes beeindruckt, der neben mir im Schwesternzimmer stand. Es begann mit einem Initialschrei, darauf folgte ein Sturz. Als Arzt kann man sich nicht erlauben, nichts zu tun, und deshalb versuchte ich, dem Mann während des Anfalls ein Medikament zu injizieren, was, wie ich später lernte, meist sinnlos ist. Der Anfall endete nach zwei Minuten, der Mann war verwirrt, und ich war sehr erschrocken.

Ich wollte also eine von den vielen neurologischen Erkrankungsgruppen genauer kennenlernen, das waren die Epilepsien, von denen ich wenig wusste. Ich hatte in den ersten drei Jahren Ausbildung zwar etliche Anfälle gesehen, aber keine Ahnung, was es bedeutet, Epilepsie zu haben, geschweige denn zu verstehen, was es mit dieser Störung auf sich hat, wie sie entsteht und wie sie verläuft.

Will man Epilepsie genauer verstehen, muss man sich auf die betroffenen Menschen einlassen. Ich bin Menschen begegnet, die ein sehr spezielles Problem haben und denen man sehr gut helfen kann, wenn man genau zuhört, was sie sagen und was sie wollen. Im Epilepsiezentrum Bethel lernte ich behinderte Menschen und sehr fitte Leute kennen, junge Frauen, ältere Männer, Menschen zwischen 18 und 80, die zu mir kamen und Rat suchten. Da gab es neben sehr klaren Fragestellungen auch immer exzentrische Fälle mit besonderen Symptomen, besonderen Fragen und Hintergründen. So gab es Menschen, die nur beim Lesen Anfälle bekamen, andere nur beim Erschrecken, wieder andere drehten sich im Anfall um sich selbst, sodass es aussah, als würden sie tanzen. Ich begegnete einer Musikerin, die nur beim Spielen bestimmter Klavierstücke Anfälle bekam, bei wieder anderen wurden Anfälle durch bestimmte Bewegungen ausgelöst.

Ich stellte schnell fest, dass man hier Menschen kennenlernte, die anders waren als manch andere und die zu verstehen man etwas Zeit brauchte und Geduld. Kein Patient war wie der andere, alle hatten ganz eigene Geschichten, Hintergründe, Sorgen und eben Anfälle. Einige merkten ihre Anfälle nicht und die Angehörigen waren besorgt, andere litten sehr unter jedem Anfall, aus ganz verschiedenen Gründen. Nie passte Epilepsie in das bisherige Lebenskonzept der Betroffenen, aber es gab Menschen, die damit zurechtkamen, auch wenn noch einzelne Anfälle auftraten; andere aber kamen gar nicht damit klar, blieben isoliert, ohne soziale Kontakte, ohne Arbeit, und führten ein sehr isoliertes und sozial verarmtes Leben.

Epileptologie betreibe ich jetzt schon 35 Jahre, ohne dass es je langweilig geworden wäre; wissenschaftlich wie praktisch ist das ein spannendes Feld, in dem ich sehr viel für meine Patient:innen tun konnte. Über die Jahre hat sich in dem Fach sehr viel verändert, diagnostisch und auch therapeutisch. In meinem eigenen Zentrum, das ich seit mehr als 20 Jahren leite, lernt man sehr verschiedene Menschen kennen, schwierige und unkomplizierte, aktive und passive, kooperative und unkooperative, zuverlässige und unzuverlässige. So braucht man auch für alle unterschiedliche Herangehensweisen und in jedem Fall viel Verständnis und Geduld.

Wolfgang kenne ich jetzt seit mehr als 25 Jahren und aus dem Patienten wurde über die Jahre ein Freund, also Wolfgang, nicht mehr Herr Suchner, auch wenn das als Arzt manchmal eine Grenze überschreitet. Aber das hat auch sehr viel mit ihm als Mensch zu tun. Wenn man als Arzt seinen Patienten begegnet, löst jeder Mensch etwas aus, es ergibt sich eine Beziehung, und die zu reflektieren ist immer wichtig. Psychotherapeuten wissen das genau und brauchen da auch professionelle Begleitung, Supervision oder eigene Therapie, um in ihrer Rolle zu bleiben und Menschen das geben zu können, was sie brauchen, aber auch nicht mehr oder weniger. Ich duze meine Patient:innen als norddeutsch geprägter, etwas steifer Mensch sonst nie.

Wolfgang hat mich vom ersten Augenblick an genau deshalb fasziniert, weil er als Künstler unbedingt seinen Beruf weiter ausüben wollte. Künstler auf der Bühne mit Epilepsie, das ist immer eine Herausforderung, und seine Mitspieler müssen damit ebenfalls zurechtkommen. Wie ist das, ein epileptischer Anfall, Wolfgang fällt um, und dann? Müssen wir ihn wiederbeleben, was sagt das Publikum, wie schnell kommt er wieder zu sich, für was bin ich dann verantwortlich?

Wolfgang hat meine Liebe zur Kunst verkörpert, er war nie reich, aber oft glücklich, häufig eingeschränkt durch knappe Kasse, aber immer wieder optimistisch, ganz so wie meine älteste Tochter als Freiberuflerin das jetzt auch lebt. Was macht glücklich zu sein aus? Doch wohl am ehesten das zu leben, was richtig Freude macht, was man gut kann, was man weiterentwickeln möchte. Wolfgang und ich sind nahezu gleich alt, Babyboomer und ähnlich sozialisiert, politisch eher grün-links orientiert, in Auseinandersetzung mit der Elterngeneration, noch beeinflusst von den 68ern und aufgewachsen mit der Zuschreibung: Ihr seid zu viele! In der Schulklasse, im Sportverein, im Studium, bei der Suche nach einem Job. Statt Fachkräftemangel Fachkräfteschwemme. Wolfgang ist nicht in der Lehrerschwemme gelandet, obwohl er diesen Beruf im Auge hatte, sondern hat den Weg des freischaffenden Künstlers gewählt, eine mutige Entscheidung. Uns Ärzten hat man wenig Mut gemacht, Jobs zu finden, viele sind erst über Gastarzt-Tätigkeiten an den richtigen Job gelangt, mussten sich durchkämpfen. Das hat Wolfgang anders gelöst, unabhängiger, freier, aber natürlich genauso mühsam.

Als er Epilepsie bekam, war die Vereinbarkeit mit dem Leben als freischaffender Künstler natürlich schwierig für ihn, aber nicht unlösbar. Als Lehrer wäre es möglicherweise noch sehr viel schwieriger geworden, man denke nur an den eintretenden Autoritätsverlust, wenn man einen epileptischen Anfall vor der Klasse erleidet. Keiner weiß, was los ist, was zu tun ist, und niemand ist auf diesen Moment vorbereitet. Und auch wenn es nur kleine Anfälle sind: Ein Lehrer, der in solchen Situationen aufhört zu sprechen, an sich herumnestelt und desorientiert wirkt, hat es schwer – wenn er überhaupt noch arbeitsfähig ist. In der Zeit, als die Epilepsie bei Wolfgang begann, gab es noch eine Menge von Verboten für Menschen mit Epilepsie, bis dahin, dass sie nicht beamtet wurden. Inzwischen hat sich manches gebessert und man begegnet ihnen offener und mit weniger Auflagen. Aber Menschen mit aktiver Epilepsie dürfen in der Regel immer noch kein Auto fahren, das Steigen auf Leitern, der Umgang mit Waffen und das Fliegen sind verboten, Schwimmen, Tauchen oder riskante andere Sportarten wie Klettern und Bergsteigen sind schwierig, oft ist auch schon das Radfahren ein Problem. Alles, was gefährlich ist, wenn man die Kontrolle verlieren könnte, ist zu vermeiden.

Das Spielen auf der Bühne als Künstler:in ist nicht verboten, warum auch, aber für die Kolleg:innen auf der Bühne manchmal sehr kompliziert. Doch Wolfgangs Kollegen ist es einmal auch gelungen, einen Anfall – mit Störung der Bewusstheit – in das Spiel auf der Bühne einzubinden und dem Publikum als Teil der Aufführung zu vermitteln – das ist wirklich große Kunst. Für die Kolleg:innen von Wolfgang ist der Anfall Teil der Realität, macht aber auch Angst vor dem nächsten Mal.

Der Arzt kann die Patient:innen begleiten, ihnen Mut zusprechen, Medikamente verschreiben. Er kennt Anfälle, weiß aber nicht, wie es sich wirklich anfühlt, was im Anfall geschieht, wie sich der Körper im und nach einem Anfall anfühlt, was es mit einem macht, einen Anfall zu haben.

Wolfgangs Anfälle sind nicht spektakulär. Sein Verhalten ändert sich mit einem Mal, erscheint merkwürdig, mit automatisierten Handlungen, fehlender Reaktion auf Ansprache und fehlender Spontansprache.

Menschen im Anfall erleben sich nicht als krank, sondern „anders", und manchmal erleben sie Anfälle auch als besonders angenehm. Die Erinnerung kann schwinden, vor, während und nach dem Anfall, und es kann für die Epilepsiekranken sein, als wäre der Anfall gar nicht gewesen. Oft wird dem Betroffenen noch nicht einmal bewusst, dass sich da eine Erinnerungslücke aufgetan hat. Daher ist der Mensch mit Epilepsie überrascht von dem, was andere dann erzählen oder aus Scham auch nicht erzählen. Bei Wolfgang ist das ebenfalls so, er hat Anfälle, bei denen er nicht ganz sicher ist, ob er alles mitbekommen hat, was beispielsweise auch die Einschätzung erschwert, ob er wirklich sicher Auto fahren kann.

Epilepsie zu haben ist für viele, die Anfälle und die Erkrankung nicht kennen, etwas Unangenehmes, etwas, worüber man nicht spricht, besonders wenn es zu Aufsehen in der Öffentlichkeit führt. Der Anfall im Supermarkt mit Sturz, Zuckungen und Speichelfluss führt in aller Regel nicht dazu, dass dem Betroffenen Hilfe geleistet und er versorgt wird, sondern die Umstehenden gehen auf Distanz und alarmieren einen Rettungswagen. Epilepsie als Erkrankung ist immer irgendwie unerwünscht, keine typische Erkrankung, es schmerzt nicht, aber der Körper funktioniert anders, er „überfunktioniert" sogar. Jeder hilft, wenn jemand Luftnot signalisiert und Herzschmerzen anzeigt – nicht so bei einem großen epileptischen Anfall, es sei denn, man kennt sich aus. Epilepsie möchten viele am liebsten ganz verdrängen, selbst Wolfgangs Mutter dachte so und hat lange Zeit die Erkrankung ihres Sohnes nicht akzeptieren wollen.

Es gibt eine Menge Künstler:innen mit Epilepsie, Elton John, Neil Young, Dostojewski, aber auch Sportler:innen, Moderator:innen, Maler:innen. In Deutschland ist Epilepsie noch immer schlechter beleumundet als in anderen Ländern, was sicher auch mit der Nazizeit zu tun hat, in der das Leben mit Epilepsie als unwert angesehen wurde und man Menschen mit Epilepsie sterilisieren ließ oder umbrachte. Das wird alle zehn Jahre bei Umfragen deutlich, bei denen sich auch heute noch viele Vorurteile abbilden, so zum Beispiel, dass Eltern nicht möchten, dass das eigene gesunde Kind zusammen mit einem epilepsiekranken Kind im Kindergarten oder in der Schule ist. Die Zuordnung der Epilepsie zu einer psychiatrischen Erkrankung ist üblich und selbst unter Ärzten noch vertreten. Obwohl sie eine der häufigsten nicht psychiatrischen, sondern neurologischen Erkrankung ist.

Es gibt eine Menge Ursachen von Epilepsien, bei Wolfgang war der „Blutschwamm" und seine Behandlung die Ursache einer Störung im linken Schläfenlappen, die zu einer veränderten Neurophysiologie dieses Hirnbereichs führten. Man muss sich das so vorstellen, als würde ein Kabelbrand von elektrischen Leitungen zu immer wieder auftretenden Kurzschlüssen führen, die im Gehirn dann Anfälle auslösen. Anfälle sind eine autonome ungesteuerte Leistung des Gehirns, die man nicht beeinflussen kann. Im Unterschied zum „Schlaganfall" funktioniert im Anfall das Gehirn „zu viel", es führt eine zeitlich begrenzte Aktivität aus, die gar nicht geplant und intendiert ist; im schlimmsten Fall kommt es bei einem großen Anfall mit Sturz zu Zuckungen, Verletzungen, Zungenbiss und zum Einnässen. Da Anfälle unerwartet und unvorbereitet auftreten, sind Verletzungen möglich, die man mit Verhaltensverboten zu vermeiden versucht.

In Zeiten fehlender Therapien wurden Menschen mit Epilepsie abgesondert oder bei den Nazis auch ermordet, weil die Erkrankung damals pauschal als vererbbar galt. Tatsächlich gibt es genetische Defekte, die zu Epilepsie führen können, doch bei geistig nicht eingeschränkten Menschen ist das eher selten. Heutzutage können Ärzte bei mehr als 70 Prozent der Betroffenen Anfallsfreiheit erreichen, manchmal auch Epilepsie heilen, wenn der Auslöser des Anfalls entfernt werden kann. Selten treten Epilepsiesyndrome nur über einen begrenzten Zeitraum auf. Bei Kindern allerdings endet die Epilepsie manchmal in der Pubertät, bei anderen Kranken nach wenigen Jahren, bei wieder anderen manchmal nach wenigen Anfällen mit großem Abstand, sodass man gar nicht unbedingt Medikamente geben muss. Aber die meisten Epilepsien überdauern viele Jahre, bleiben oft lebenslang und brauchen dann auch eine lebenslange Behandlung.

Für einen Neurologen ist Epilepsie eine eher dankbare Krankheit, weil man sehr gut helfen kann mit einer Vielzahl an Medikamenten, Diäten, Operationen, Hirnstimulatoren. Es ist gut, wenn Menschen wie Wolfgang Epilepsie nicht zum Anlass nehmen, zu hadern und zu verzweifeln. Das führt eher zu Isolation, Vereinsamung und Depression. Die oft wichtigste Aufgabe des begleitenden Arztes ist, den Betroffenen Mut zu machen, das Ziel nicht aus dem Auge zu verlieren. Nicht immer heißt das Ziel Anfallsfreiheit, aber oft lassen sich auch mit oder trotz Anfällen Teilziele und gute Lebensqualität erreichen.

Bei Wolfgang hat es fast dreißig Jahre gedauert, bis er anfallsfrei war. Ich bin immer glücklich, wenn Menschen mit Epilepsie anfallsfrei werden, doch manchmal sind kurze Anfälle gar nicht so störend, wie man annehmen könnte. Wolfgang hat das Ziel der Anfallsfreiheit aber immer im Auge gehabt, manchmal auch für ein paar Monate erreicht und daher viel probiert. Er hat nicht nur verschiedene Medikationen versucht, sondern war auch für alternative Verfahren offen. So haben wir über eine Operation gesprochen, die den Epilepsiefokus entfernt, die aber nach sehr gründlicher Untersuchung ausgeschlossen werden musste – der Schaden wäre größer als der Nutzen gewesen, Wolfgang hätte möglicherweise eine anhaltende Störung seiner Sprachfähigkeit erfahren. Er ist dann aber doch anderswo operiert worden, als eine Zyste in der Nähe des operierten Blutschwamms entstanden war. Zysten sind harmlose flüssigkeitsgefüllte Räume, die überall im Körper entstehen können, typischerweise dort, wo die Flüssigkeit sich Räume sucht, die nach Operationen oder Erkrankungen entstehen. So war diese Operation nutzlos, weil die Zyste wieder neu entstand und man besser gar nichts gemacht hätte.

Ein sogenannter Hirnschrittmacher war kurz im Gespräch, als Wolfgang als nicht operabel eingeschätzt wurde, doch damit lässt sich Anfallsfreiheit meist nicht erreichen. Diese Schrittmacher versuchen über elektrische Signale Hirnareale zu stimulieren, die Anfälle zu unterdrücken, leider sehr oft nicht erfolgreich. So hat sich Wolfgang zusätzlich zur medikamentösen Therapie für die ketogene Diät entschieden und das sehr konsequent durchgehalten. Die Diät verändert viele Stoffwechselwege im Körper, die sehr genau beobachtet werden müssen. Aber oft lassen sich gute Effekte erzielen, ganz besonders in Bezug auf die Funktion des Gehirns – und genau das ist Wolfgang gelungen. Bis dahin haben wir viele Therapien ausprobiert, auch viele neue Medikamente. Wolfgang hat alles tapfer ertragen und oft die Nachteile der Medikation erst bemerkt, wenn wir die Medizin wieder abgesetzt haben.

Das spricht für sein Vertrauen, aber auch seine Hoffnung, die Anfälle endlich loszuwerden. Bei Menschen, die Epilepsie haben, gibt es immer auch spontane Veränderungen, die man nicht den Medikamenten zuschreiben kann. Und es gab auch immer wieder Phasen, in denen Wolfgang sich weitgehend anfallsfrei fühlte, es dann aber doch nicht war, weil er Anfälle nicht wahrnahm oder einfach vergaß. Irgendwann wussten wir jedoch, dass eine bestimmte Medikation sehr gut hilft, und das waren solche Medikamente, die am sogenannten Natriumkanal in der Transmission von neuronalen Signalen ansetzten. Dieser wie auch andere Kanäle sind für die Kommunikationskontakte zwischen den Nervenzellen und für das Gehirn notwendig und das Gehirn nutzt sie permanent. Das Ziel der Therapie ist also, einen solchen Kanal nicht völlig zu blockieren, sondern nur die Übererregbarkeit, die es bei den Epilepsien gibt, zu bremsen. Der Natriumkanal ist bei bestimmten genetischen Epilepsien oft defekt und wenn er nur sehr schlecht funktioniert, sollte man ihn nicht mit Medikation zusätzlich beeinträchtigen.

Auch andere Kanäle und Wege der Transmission versucht man medikamentös zu beeinflussen. Interessanterweise scheint es sich zu lohnen, genau diesen Natriumkanal zu blockieren, der allerdings sehr verschiedene Varianten aufweist. Eine solche Blockade funktioniert insbesondere bei sehr vielen fokalen Epilepsien, also solchen, die an einem Ort im Gehirn entstehen wie bei Wolfgang.

Wolfgang brauchte offenbar als Grundmedikament Carbamazepin, das klassische und älteste Medikament, das am Natriumkanal ansetzt, denn immer, wenn wir Carbamazepin absetzten oder wechselten, verschlechterte sich die Anfallssituation. Am Ende half die Kombination aus Wolfgangs Motivation, nie aufzugeben, der Lebensumstellung auf die ketogene Diät und einem neuen Medikament, das auch wieder auf den Natriumkanal wirkt, aber noch einen zweiten Wirkmechanismus hat, der die Blockade des Natriumkanals ergänzt. Diese erfolgreiche Therapie lässt sich leider nicht auf andere Menschen mit ähnlichen Epilepsien übertragen. Wolfgang verträgt diese Medikamente sehr gut – das tun nicht alle Patienten – und er hat diesen unbedingten Willen, anfallsfrei zu werden, was es jedem Arzt auch ein Stück leichter macht in der Behandlung. Natürlich ist es auch ein fortwährendes Probieren und Experimentieren, aber das funktioniert ja nur, wenn Arzt und Patient daran glauben: Wir schaffen es, Anfallsfreiheit zu erreichen.

Wolfgang und ich haben oft zusammen auch im Theater gesessen und uns Stücke angesehen, eigentlich immer, wenn er bei mir in Kleinwachau war. Manchmal ergeben sich Freundschaften aus Patientenkontakten, öfter sind Patient:innen einfach nur dankbar und zeigen es mit kleinen Geschenken oder dankenden Worten. Wolfgang tat das mit Einladungen ins Theater. Eine so lange Beziehung zu Patient:innen zu halten, ist in der Epileptologie nicht ungewöhnlich, denn es ist eben eine chronische Krankheit mit all ihren Tücken über die Jahre. Geheilt gilt man als epilepsiekranker Mensch erst, wenn man zehn Jahre ohne Medikation anfallsfrei ist. Aber es ist schon ein großer Erfolg, wenn man bei guter medikamentöser Einstellung anfallsfrei wird – und das über längere Zeit.

Mit den neuen Medien kann man heute auch über 600 Kilometer Distanz behandeln, beraten und betreuen. Wolfgang hat einen Hausarzt, dem er sehr vertraut, und das ist oft der wichtigste Arzt überhaupt. Wolfgang fragt mich manchmal zu wichtigen Dingen, zum Beispiel was er machen muss, wenn sein bisheriges Medikament bei der Apotheke nicht verfügbar ist. Es gibt also auch bei gut eingestellten Menschen immer wieder Probleme, wozu auch neue, unerwünschte Effekte der schon lange eingenommenen Medikamente gehören. Das lässt sich oft auch aus der Ferne besprechen und lösen, zur Not schickt man Medikamente dann per Post.

Ich bin zuversichtlich, dass Wolfgang anfallsfrei bleibt – jetzt sind es schon mehr als achtzehn Monate. Und ich freue mich auf gemeinsame Theaterbesuche mit ihm und mit Tina, die Wolfgang durch die ketogene Diät kennen und lieben lernte. Die bisherige Krönung waren zwei Stücke von Pina Bausch, eins in Wuppertal, eins in Berlin, die wir zusammen anschauten, sehr beeindruckend und verbindend. Ich habe durch Wolfgang viel Neues in der Kunst erleben können und erinnere mich besonders gern an seine künstlerische Mitgestaltung bei der Einweihung einer neuen Station hier im Epilepsiezentrum, zusammen mit Jean Sasportes, einem Mitglied des Pina-Bausch-Ensembles. Wolfgang empfindet unser Epilepsiezentrum fast wie eine zweite Heimat und viele Mitarbeiter:innen sind ihm vertraut. Besonders auch im Hinblick auf die ketogene Diät, kommt er einmal im Jahr zur Kontrolle nach Kleinwachau.

Ich freue mich schon auf das nächste Mal im Herbst. ■

Alles auf Anfang
Ein Epilog

„Kopf wie neu! Keine Anfälle mehr! Nie mehr!"

Die Frage, ob Rolli letztendlich Recht hatte, kann ich nicht beantworten.

Aber ich bin nun, 2024, seit mehr als zweieinhalb Jahren anfallsfrei und vieles in meinem Leben hat sich geändert.

Leider hat es meine Mutter nicht geschafft, 105 zu werden, ich hatte es ihr sehr gewünscht. Aber sie starb in Frieden, zu Hause, meine Schwester und ich waren bei ihr, bis sie einschlief. Mein Abschied von ihr ist immer noch nicht beendet, doch ein neues Leben hat begonnen.

Ich arbeite wieder, so wie ich es fast zehn Jahre lang nicht konnte.

Ohne Anfälle und, was genau so wichtig ist: fast ohne Angst vor neuen Anfällen.

Wir haben nach vielen Jahren wieder mit dem *theatre du pain* eine neue Produktion gewagt und eine tolle Premiere gefeiert. Ein Riesenerfolg. Ich hätte nie gedacht, jemals wieder so viel Text lernen zu können und den auch noch zu behalten. Der Kopf funktioniert.

Und ich werde wieder Tourneen machen, parallel andere Projekte starten, Zeit mit Tina und meiner Tochter und Enkelin genießen. Ich lasse die Zukunft auf mich zukommen – alles mit sehr großer Vorfreude.

Dieses Buch ist nun endlich erschienen und ich freue mich auf gemeinsame Lesungen mit Hans Werner Otto, um über Epilepsie und ketogene Diät und all das, was mein Leben mit Epilepsie die letzten 33 Jahre ausgemacht hat, zu erzählen.

Wolfgang Suchner

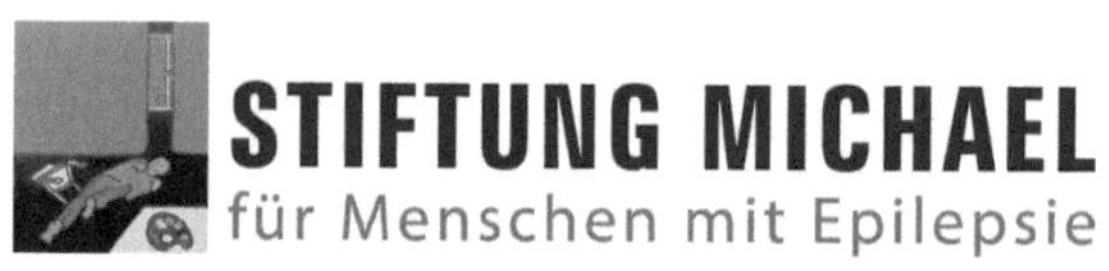

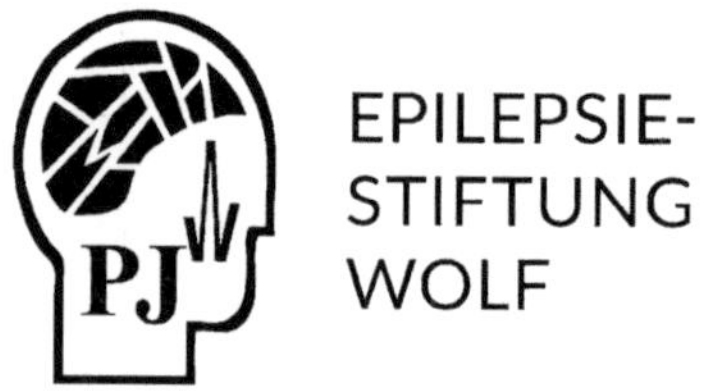

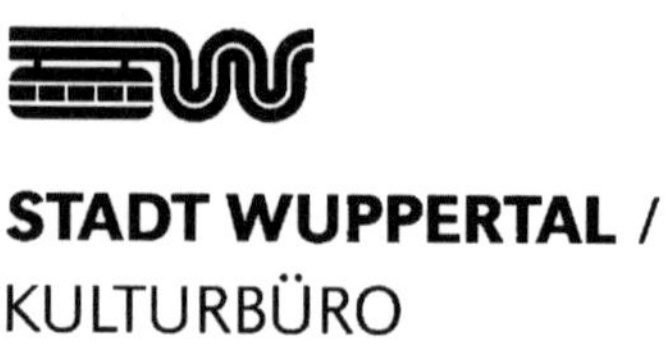

STADT WUPPERTAL /
KULTURBÜRO

DANKSAGUNG

Ich bedanke mich für die Fachbeiträge in diesem Buch bei:

- Dr. Thomas Mayer, Chefarzt im Epilepsie-Zentrum Kleinwachau
- Dr. Frank Brandhoff, Abteilungsarzt für Klinische Epileptologie in Kleinwachau
- Dr. Martin Finzel, Abteilungsarzt für Psychosomatische Epileptologie in Kleinwachau
- Dr. Michael Carnap, Allgemeinmediziner und Psychotherapeut, Wuppertal

Ein besonderer Dank für die finanzielle Unterstützung zu diesem Buch gilt:

- Stiftung Michael, Bonn
- Epilepsie-Stiftung Wolf, Erlangen
- Kulturbüro, Wuppertal

GLOSSAR

Absence – Epileptische Anfallsart mit einer plötzlich einsetzenden Bewusstseinspause, häufig begleitet von Verdrehen der Augen, Blinzeln, Starren oder leichten Muskelzuckungen

Antikonvulsiva – Synonym zu **Antiepileptika** oder Anfallssuppressive Medikamente – Medikamente zur Unterdrückung von epileptischen Anfällen

Aura – Bewusst erlebter Anfallsbeginn ohne motorische Entäußerungen, nur vom Betroffenen erlebt

Dissoziative Anfälle – Auch psychogene Anfälle; durch seelische Ursachen ausgelöste, nichtepileptische Anfälle

Epilepsie – eine Fehlfunktion des Gehirns, die zu wiederholten epileptischen Anfällen führt. Anfälle entstehen, wenn Nervenzellen plötzlich gleichzeitig Impulse abfeuern und sich elektrisch entladen; eine Epilepsie liegt dann vor, wenn mindestens zwei nicht provozierte epileptische Anfälle aufgetreten sind oder nach einem ersten Anfall ein deutlich erhöhtes Risiko weiterer Anfälle besteht. Epilepsien treten bei einem bis zwei Prozent der Bevölkerung auf.

Fokaler Anfall – Nur einen Teil des Gehirns betreffender Anfall

Generalisierter Anfall – Epileptischer Anfall, der das ganze Gehirn und nicht nur einzelne Abschnitte betrifft

Glukose – (Trauben-)Zucker; Energielieferant für den Körper

Grand Mal – Anfall, Großer Anfall; wörtlich „großes Übel"; im 18. Jahrhundert von Betroffenen vorgeschlagener Sammelbegriff für epileptische Anfälle mit Verlust des Bewusstseins und Krampfen an Armen und Beinen, medizinisch: tonisch klonischer Anfall

Hirnstimulation – Therapieoption bei Epilepsie, bei der mittels Elektroden (Sonden) bestimmte Hirnbereiche stimuliert werden, wodurch Krampfanfälle verhindert werden können; oft auch als Hirnschrittmacher bezeichnet

Ketogene Ernährungstherapie (KET) – Spezielle Ernährungsweise, die wie ein Medikament ärztlich verordnet wird. Mit der KET wird der Stoffwechselzustand des Fastens imitiert. Es gibt verschiedene Diätformen, die alle sehr fettreich und stark kohlenhydratreduziert sind.

Ketone – Wasserlösliche und energiereiche Moleküle, die im Körper als Produkte des Fettstoffwechsels entstehen und als Energielieferanten dienen können. Bei Umstellung des Energiestoffwechsels (Ketose) werden Ketone im Blut und Urin messbar.

Ketose – Stoffwechselzustand, in dem genügend Ketone vorliegen, um den Körper mit Energie zu versorgen. Bei der ketogenen Ernährungstherapie entstehen Ketone aus dem Abbau der zugeführten Nahrungsfette.

Kohlenhydrate – Kohlenhydrate spielen eine zentrale Rolle als Energieträger im Körper; die einfachsten Kohlenhydrate werden als Zucker bezeichnet.

MAD – Abkürzung für Modifizierte Atkins Diät; Form der Ketogenen Ernährungstherapie

Malformation – Fehlbildung

Pharmakoresistent – Durch Medikamente nicht befriedigend behandelbar

Psychogene Anfälle – Auch dissoziative Anfälle; durch seelische Ursachen ausgelöste, nichtepileptische Anfälle

Spasmen – Einzahl: Spasmus; Krampf; eine unwillkürliche, starke, andauernde Kontraktion einzelner Muskeln oder Muskelgruppen

Status Epilepticus – Lang andauernde Häufung von Anfällen ohne zwischenzeitliche Erholung

SUDEP – Sudden Unexpected Death in Epilepsy; das plötzliche Versterben von Personen mit Epilepsie

Tonisch-klonischer Anfall – Epileptischer Anfall, der zunächst mit einer erhöhten Muskelspannung (=tonisch) und anschließend mit Zuckungen der

Muskulatur (=klonisch) einhergeht, s. Grand Mal

Zerebral – von lateinisch: cerebrum = Gehirn; das Gehirn betreffend

Zyste – Hohlraum im Gewebe des Körpers, kann bspw. mit Gewebsflüssigkeit, Luft, Blut gefüllt sein

ORIGINALTITEL & ILLUSTRATIONEN VON BIRGIT PARDUN

BUCHCOVER [Umschlag]

Der Versuch die Kontrolle zu behalten

Acryl, Spraypaint auf Hartfaser, 100 x 143 cm, 2022

1 LOCH [S. 8]

Zu klein für Bikini

Acryl auf LKW-Plane, 125 x 170 cm, 2020

2 SCHWAMMKOPF [S. 26]

Etwas blödes Rumgetanze

Graphit auf Papier, 6 x 11 cm, 2021

3 FALLSUCHT [S. 46]

Ich werde die Welt nicht wiedersehen, Anne?

(für Ahmed Altan), Graphit auf Papier,
auf Holzkörper kaschiert, 40 x 50 cm, 2019

4 ES IST EIN ZUNGE [S. 70]

Sockenschwund

Graphit auf Papier, 20 x 20 cm, 2017

5 CHAPEAU [S. 102]

Ich + Ich, Graphit auf Papier, 6 x 11 cm, 2020

6 KINHSASA [S. 128]

Morgen fang ich an

Graphit auf Papier, 6 x 11 cm, 2021

7 AUF NULL [S. 146]

Trauernde, Graphit auf Papier, 15 x 21 cm, 2016

8 LA MORT SUBITE [S. 170]

Wenn es dunkel um mich wird

Graphit und Ölkreide auf Papier, 15 x 21 cm, 2018

9 IRRSINN [S. 196]

Selbstdurchdringung

Graphit auf Papier, 6 x 11 cm, 2021

10 GROSCHEN [S. 224]

Hundescheiße, Graphit auf Papier, 6 x 11 cm, 2021

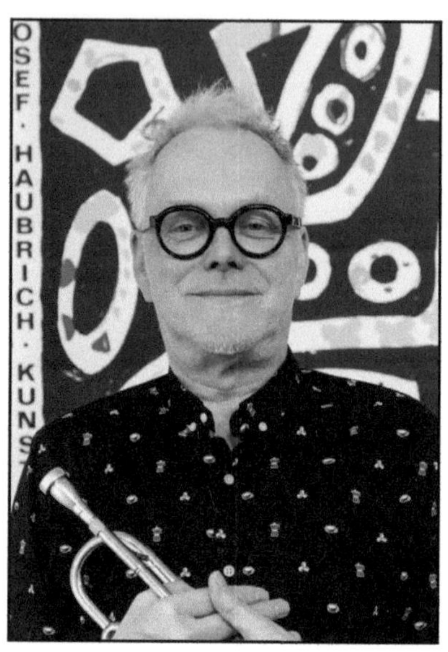

Wolfgang Suchner, Jahrgang 1959. Nach dem Lehramtsstudium (Musik/Geschichte) diverse Arbeiten als Straßenmusiker, Schauspieler und Regisseur, als Trompeter und Tubist in Bands *(Hubert Kah, M. Walking on the Water, Jansen* u.v.a.), als Studiomusiker sowie auf städtischen Bühnen (Schauspielhaus Düsseldorf, Tanztheater Wuppertal Pina Bausch) und in zahlreichen freien Musiktheaterproduktionen, u.a. mit Straßenkindern in Kinshasa. Seit 1999 gehört er zum Trio des *theatre du pain,* spielt daneben auch häufig in Projekten, in denen sich freie Improvisation und Tanz verbinden.

www.wolfgang-suchner.de

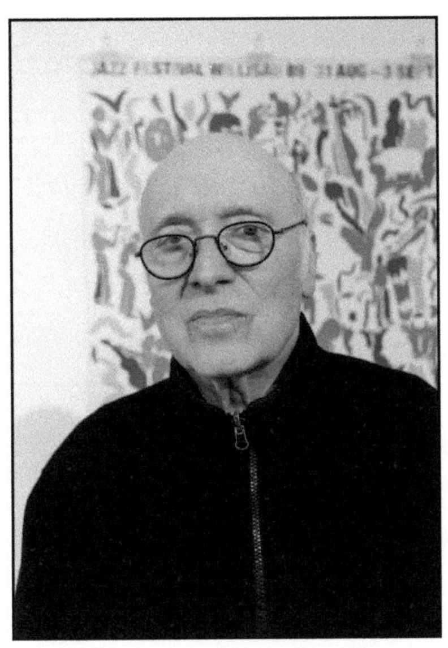

Hans Werner Otto, Jahrgang 1954, war bis zu seiner Pensionierung Hauptschullehrer mit einem Schwerpunkt im Schülertheater, arbeitete außerdem als Regisseur und Schauspieler in Projekten der freien Theaterszene Wuppertals, wo er Wolfgang Suchner kennenlernte. Er hat mehrere vornehmlich regionalhistorische Erzählungen veröffentlicht sowie einen Roman: „Gott wird uns schon nicht kriegen". Letzteres hofft er immer noch.

Weitere Bücher von Hans Werner Otto:

Gott wird uns schon nicht kriegen
Roman
NordPark Verlag
252 S., 2010, 16,00 €
ISBN 978-3-935421-65-2

»In den Siebzigern waren wir vaterlose Gesellen. Die Väter hingen als Fotos an der Wand oder lagen unter Autos herum, aber so richtig da waren sie eigentlich nicht.«

Rotter Blüte
Biografische Erzählung
NordPark Verlag
224 S.; 2020; 15,00 €
ISBN: 978-3-943940-67-1

Man kann sich seine Heimat ja nicht aussuchen, sagt er.
Aber ist die Heimat denn ein Ort, fragt Arthur.
Was sonst, fragt Wilhelm. Wenn kein Ort, was sonst?

Hier unten leuchten wir
Vier Wuppertaler Erzählungen
Books on Demand, Norderstedt
136 S., 2023; 12,00 €
ISBN: 978-3-75830-963-2

Da oben leuchten die Sterne, sagte dann vielleicht der alter Herr Klein und hustete.
Schöner als unsere, sagte dann vielleicht Eugen Rappoport, und jeder sah verstohlen auf den kleinen, gelben Stofflappen auf der Brust seiner Jacke, die er sich wegen der Kühle der Nacht übergezogen hatte.

Als Herausgeber zusammen mit Wolfgang Weil:

Gertrud Müllen: Der weite Weg zum Markt
Erinnerungen
Eifeler Literaturverlag
182 S., 2022; 15,00 €
ISBN: 978-3-96123-038-9

In ganz Lutzerath gab es keine Frau, die wusste, wie man Kinder hätte verhüten können. Ich selber hatte schon das erste Kind im Leib, da wusste ich noch nicht, wie das darein kam.

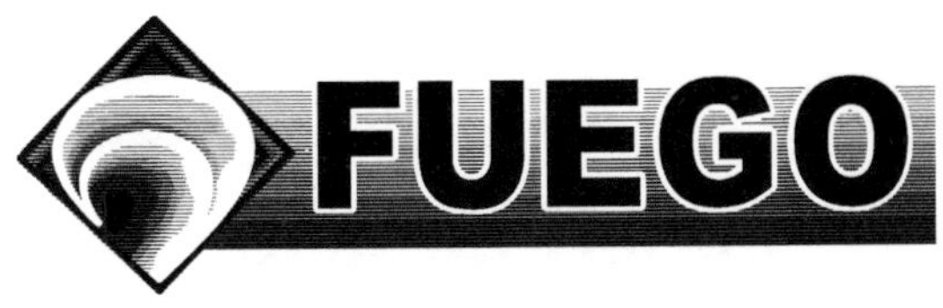

Fuego ist eine unabhängige Musik-, Buch- und Design-Edition. 1984 als Musiklabel gegründet, umfasst das Repertoire heute mehrere tausend vorwiegend digitale Veröffentlichungen - schwerpunktmäßig mit deutscher Musik- und Lesekultur aus allen Bereichen der letzten sechzig Jahre. Hierzu zählen zahlreiche, lange vergriffene Wiederveröffentlichungen, aber auch aktuelle Neuerscheinungen junger Musiker und Autoren. Besuchen Sie unsere Webseite und stöbern Sie durch die einzelnen Bereiche. Unsere Veröffentlichungen sind in allen relevanten Shops weltweit erhältlich.

Mehr über Fuego unter:

www.fuego.de

Aus unserem Programm:

Robert de Taube
Das offene Versteck

Bericht eines jüdischen Landwirts aus Ostfriesland, der in Berlin im Versteck der Menge den Deportationen nach Auschwitz entkam.

Herausgegeben von Hartmut Peters.

Im Jahre 2018 kamen in Kentucky, USA, drei Audio-Kassetten ans Licht. Auf ihnen schildert der jüdische Landwirt Robert de Taube (1896 – 1982) aus Ostfriesland seine Überlebensgeschichte. Während die Deportationszüge von Berlin nach Auschwitz rollten, fand er Versteck in den Straßen der Reichshauptstadt und den Waggons der Stadtbahn. Er fuhr kreuz und quer durchs Liniennetz bis hin in die Vororte Beelitz und Bernau, handelte mit Gemüse, Obst und Kleidung, arbeitete als Gärtner und wechselte ständig seinen nächtlichen Unterschlupf. Im Villenviertel von Grunewald fand er seine beste Bastion. Eine NS-Funktionärin verliebte sich in ihn. Ohne mutige Helfer hätte er nicht überlebt.

Nach der Befreiung 1945 wollte Robert de Taube sofort zurück auf seinen Gutshof bei Wilhelmshaven, der Kampf um die Wiedererlangung des vom NS-Staat geraubten Eigentums lag vor ihm. Sein Bericht zeugt von Klugheit und Glück in den Zeiten des Holocausts – und vom Preis, die permanente Wachsamkeit vor der SS und das Bleiben im Land der Täter forderten. Robert de Taube hat uns einen einzigartigen Beitrag zum Verstehen von „Heimat" vermacht.

Hartmut Peters hat das Interview ediert und mit einer Einleitung versehen.

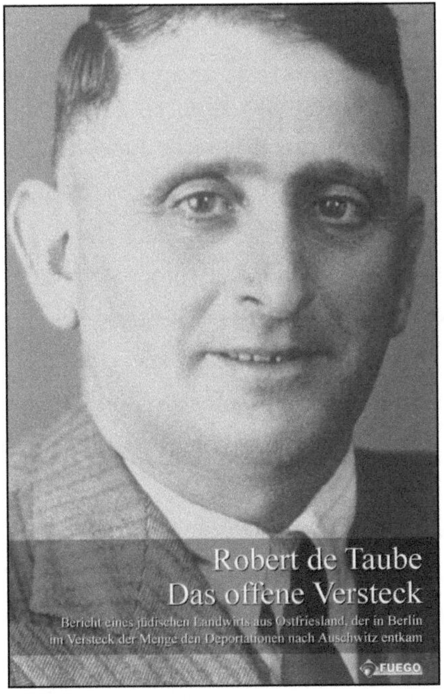

Als gedruckte Version *(ISBN: 978-3-86287-967-0)* und als Ebook *(ISBN: 978-3-86287-229-9)* überall erhältlich!

Kai Sichtermann
Johnny B. Goode im Weltraum

Protest, Ekstase, Provokation – 25 Jahre Rock'n'Roll

ROCK'N'ROLL! Wann und wo ist er entstanden? Wofür steht er? Gab es eine Kulturrevolution der Jugend? Welches waren die wichtigsten Songs? Wer waren die einflussreichsten Protagonisten?

Essayistisch, erzählend, manchmal auch aufzählend und auf knappem Raum rauscht der Autor Kai Sichtermann, Bassist und Gründungsmitglied der Band *Ton Steine Scherben,* einmal durch die Rock'n'Roll-Geschichte - von den 1950er bis Ende der 70er Jahre.

Der Autor **Kai Sichtermann** wurde 1951 in Kiel als Sohn eines Rechtsanwalts und einer Malerin geboren. In Lübeck besuchte er eine Musikschule. 1969 zog er nach Berlin, wo er Rio Reiser kennenlernte und als Bassist bei den *Scherben* einstieg.

1999 schrieb er zusammen mit Jens Johler und Christian Stahl die *Scherben*-Biografie *Keine Macht für Niemand.*

2002 gründete er zusammen mit Angie Olbrich das Duo *Angels Blue*.

2010 erschien sein zweites Buch *Kultsongs & Evergreens*.

Zusammen mit seiner Schwester Barbara Sichtermann veröffentlichte er 2017 das Buch *Das ist unser Haus - Eine Geschichte der Hausbesetzung*.

Mit *Kai & Funky von Ton Steine Scherben feat. Birte Volta* tourt er noch immer durch Deutschland.

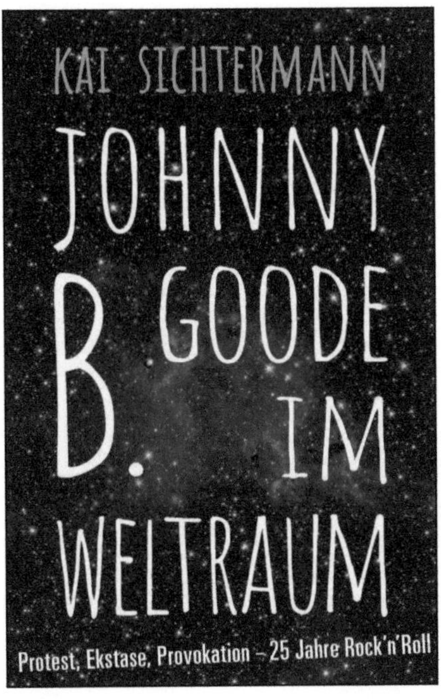

Als gedruckte Version *(ISBN: 978-3-86287-959-5)* und als Ebook *(ISBN: 978-3-86287-226-8)* überall erhältlich!